Study Guide for

GERMAN: A STRUCTURAL APPROACH

Second Edition

Walter F. W. Lohnes and F. W. Strothmann
Stanford University

W· W· Norton & Company · Inc · New York

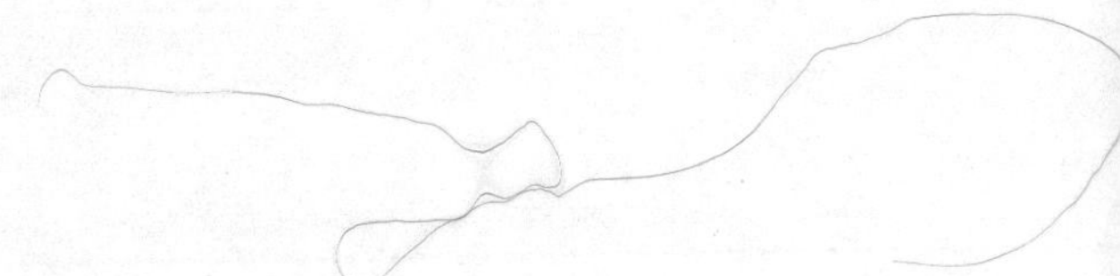

ISBN 0 393 09352 2

Printed in the United States of America

1 2 3 4 5 6 7 8 9 0

CONTENTS

PREFACE

This Study Guide has its origin in the Student's Laboratory Manual which accompanied the shorter version of the first edition of *German: A Structural Approach.* The Study Guide is considerably enlarged as compared to the Manual and contains several new features. In part, these innovations go back to suggestions made by teachers and students; in part, they anticipate a continued trend toward individual study.

In order to point out to the student the most significant features of German grammar, we have summarized the most important portions of the analysis paragraphs in each unit. These summaries appear under the heading *Grammar in a Nutshell* and are frequently presented in the form of diagrams, so that the student can perceive at a glance what the unit covers. These grammar-in-a-nutshell sections also serve as quick reviews. If the student feels that he does not have complete control of the material, he can go back to the analysis in the text itself.

As a further means of checking his progress, the student is then advised to go on to the *Programmed Exercises* which follow each grammar-in-a-nutshell section. These programmed exercises again review the material of the analysis sections and give the student a chance to check his knowledge immediately. Each item in these sections contains a blank space, indicating a response to be supplied. Correct answers are given in the margin and can be covered by the masking card (attached to the cover of this manual), while the student responds to the questions. As another new feature, we have added some *Additional Exercises.* These pages can be removed from the Study Guide to be collected by the teacher.

Finally, the Study Guide contains the text of most *Laboratory Exercises* and instructions for all of them. The pattern sentences are given without translations so that the student can concentrate on the German text he hears on the tape.

Stanford-in-Germany, Beutelsbach
June 1973

WFWL
FWS

Study Guide for

GERMAN: A STRUCTURAL APPROACH

Second Edition

UNIT 1

A word of advice: In language learning, each successive step depends completely on your mastery of what you have learned before. It is essential, therefore, that you get a thorough and complete grasp of the material in Unit 1; you should, in effect, memorize every word in this unit and be able to do all exercises automatically and without the slightest hesitation. If, in your first unit test, you make more than just one or two mistakes, you should take this as a signal to return to Unit 1 for a thorough review.

Unit 1 contains some of the most basic features of the German language. Be sure you understand the significance of all of them

a. VERBS: infinitives
conjugation of present tense

b. SENTENCE STRUCTURE: verb-second position
sentence intonation

c. PERSONAL PRONOUNS: *du* and *ihr* vs. *Sie*

d. NOUNS: gender and plurals

A. Grammar in a Nutshell

VERBS

See Analysis 1 (p. 6)

1. INFINITIVES have the ending *-EN.*
Exceptions: sei-n, tu-n

See Analysis 3, 6 (pp. 7, 9)

2. PRESENT TENSE: be sure you know the endings.

Singular	-E -(E)ST -T	Plural	-EN -(E)T -EN

See Analysis 4 (pp. 7-8)

Remember: German has NO PROGRESSIVE FORMS
NO EMPHATIC FORMS

Thus: I go
I am going
I do go
} all correspond to *ich gehe.*

See Analysis 7 (p. 9)

sein has irregular forms. Memorize!
Note that *ihr seid* is the only 2nd person plural that ends in *-d.*

SENTENCE STRUCTURE

See Analysis 10-12 (pp. 11-13)

Most difficult to get used to: VERB-SECOND POSITION. Drill all exercises dealing with this problem until you have complete control.

Note the difference between English and German.

English: The subject is position-fixed: it must precede the verb.

| He | | lives | | in Munich now, incidentally.

Two other elements, such as time phrases and phrases like "incidentally," may join the subject in front of the verb.

| Incidentally, | he | now | lives | in Munich.

German: The subject is not position-fixed: it can stand either in front of the verb or right after the verb. Only one element can precede the verb.

Er	wohnt	jetzt übrigens in München.
Jetzt	wohnt	er übrigens in München.
Übrigens	wohnt	er jetzt in München.
Er	wohnt	übrigens jetzt in München.

Remember: The answer to a question, that is, the item containing the news value of a statement, cannot stand in front of the verb.

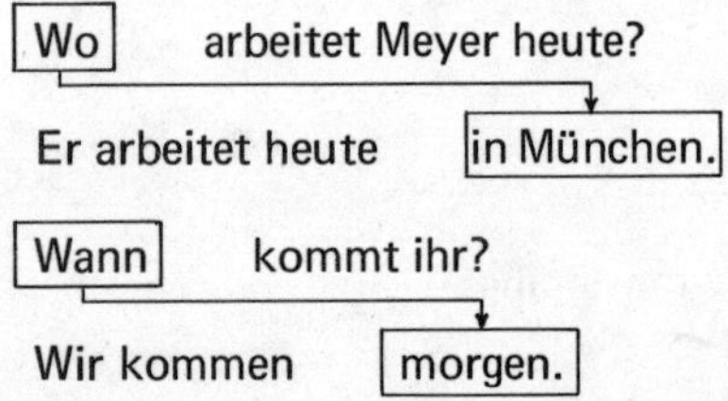

Wo arbeitet Meyer heute?
Er arbeitet heute in München.
Wann kommt ihr?
Wir kommen morgen.

QUESTIONS start either with an interrogative (WORD QUESTIONS) or with a conjugated verb form (YES-OR-NO QUESTIONS).

German has no equivalent for English *Do you live?*

English pattern: Do you live?
German pattern: [Live you?]
Wohnst du?

All German verbs follow the question-pattern of *to be* and the modals.

English pattern: Are you? (not: Do you be?)
Can you? (not: Do you can?)
German pattern: Bist du?
Kannst du? (see Unit 3)

Word questions:

Wo wohnt er jetzt? Answer: In München.

Yes-or-no questions:

Wohnt er jetzt in München? Answer: Ja.
Nein.

SENTENCE INTONATION

See Analysis 14-17 (pp. 13-18)

1. Intonation of assertions: 2-3-1 : 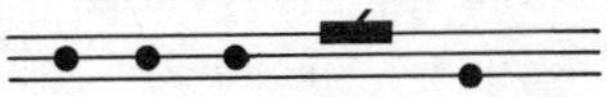
2. Intonation of questions
   Word questions: 2-3-1 : 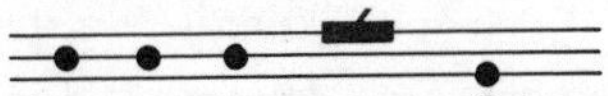
   Yes-or-no questions: 2-1-3 :

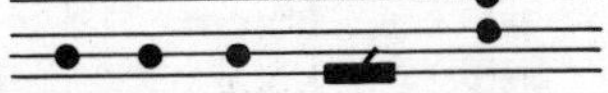

Listen carefully to the tapes for Unit 1; when you repeat sentences, imitate carefully the speakers' intonation. You should practice these sentences until you can say them as fluently and correctly, and at the same speed, as the taped model.

B. Programmed Exercises

Throughout this Study Guide, programmed exercises follow immediately upon each "Grammar in a Nutshell" section. The answers to all questions are provided in the margin; thus, you can check your comprehension of each grammatical point immediately and, if needed, go back to the "Nutshell" section or to the Analysis sections in the main text.

Cover the margin below and begin work on the first exercise. Slide the cover down to check your answer, but keep all subsequent answers covered until you have come up with your own answer to each.

1. The infinitive form of most German verbs ends in ______.	-en
2. Two verbs with the ending *-n* introduced in Unit 1 are ______.	sein, tun
3. German has neither ______ nor ______ forms.	progressive, emphatic
4. Therefore, *I go, I am going,* and *I do go* all have to be translated by ______.	ich gehe
5. Except at the beginning of a sentence, the word *ich* is never ______.	capitalized
6. ich arbeit -e	
du arbeit -______	est
er arbeit -______	et
7. ich bin	
du ______	bist
er ______	ist
8. ich habe	
du ______	hast
er ______	hat

9. Conjugate the present tense of *gehen, kommen,* and *lernen* by adding the correct endings.

ich	geh-	komm-	lern-	e
du	geh-	komm-	lern-	st
er	geh-	komm-	lern-	t
wir	geh-	komm-	lern-	en
ihr	geh-	komm-	lern-	t
sie	geh-	komm-	lern-	en

10. To help you memorize these endings, conjugate also the present tense of the following verbs, all of which will be introduced in the next few units.

hoffen:	to hope	hören:	to hear
kaufen:	to buy	leben:	to live
kennen:	to know	rauchen:	to smoke
lieben:	to love	bringen:	to bring
machen:	to make	danken:	to thank
sagen:	to say	fragen:	to ask

11. The form *glauben* can go with three different pronouns. What are they? — wir, sie, Sie

12. The form *seid* is irregular because it __________. — ends in -d rather than -t

13. The inflected verb in a German assertion always occupies the __________ position, i.e., it can be preceded by only one other __________. — second; syntactical unit

14. If a sentence starts with a unit like *Nächstes Jahr,* the next word must be a __________. — conjugated verb

15. To express *Does he live in Munich?* you have to start with the word __________. — wohnt

A. Grammar in a Nutshell

_DU_ AND _IHR_ VS. _SIE_

See Analysis 2 (pp. 6-7)

YOU	DU (sing.)	IHR (plur.)	Familiar
	SIE (sing.)	SIE (plur.)	Formal

Remember:
1. When *Sie* means *you,* it must be capitalized.
2. The distinction between *du/ihr* and *Sie* is very strictly adhered to, and you cannot use these forms arbitrarily.
3. Do not use *du* or *ihr* with *Herr, Frau,* or *Fräulein.*

ARTICLES AND NOUNS

See Analysis 8-9 (pp. 10-11)

Singular: 3 genders: MASCULINE FEMININE NEUTER
der die das

Plural: only one form: die

Remember: Gender and plural forms of nouns are unpredictable; therefore, you must memorize them as they occur.

der Mann,	¨er	der Abend,	-e
die Frau,	-en	die Kirche,	-n
das Kind,	-er	das Haus,	¨er

B. Programmed Exercises

Test your knowledge of noun genders and plurals. First cover both columns and write out the nouns without articles; second uncover the inner column and check your responses. Finally, with the outer column still covered, write out the articles and plural forms of the nouns.

evening	Abend	der; die Abende
newspaper	Zeitung	die; die Zeitungen
car	Auto	das; die Autos
winter	Winter	der; die Winter
office	Büro	das; die Büros
father	Vater	der; die Väter
doctor	Doktor	der; die Doktoren
daughter	Tochter	die; die Töchter
woman	Frau	die; die Frauen
student (male)	Student	der; die Studenten
student (female)	Studentin	die; die Studentinnen
house	Haus	das: die Häuser
son	Sohn	der; die Söhne
gentleman	Herr	der; die Herren
morning	Morgen	der; die Morgen
dog	Hund	der; die Hunde
man	Mann	der; die Männer
year	Jahr	das; die Jahre
church	Kirche	die; die Kirchen
movie house	Kino	das; die Kinos
child	Kind	das; die Kinder

UNIT 2

A. Grammar in a Nutshell

See Analysis 24-26 (pp. 33-36)

CASES AND GENDERS

NOMINATIVE: Subject or predicate noun (WER?—WHO?)
ACCUSATIVE: Object (WEN?—WHOM?)

Be sure to memorize the forms on pp. 33-36.

der-words: der, dieser, jeder
ein-words: ein, kein, mein, dein, sein, ihr, unser, euer, ihr, Ihr

Nominative and accusative forms are identical
EXCEPT MASCULINE SINGULAR:

der—den
ein—einen

ein-words without ending: nom. masc. sing. / nom. neut. sing. / acc. neut. sing. } ein

Agreement:

masc. nom.: DER Kaffee ist gut.—ER ist gut.

acc.: Ich kaufe DEN Kaffee.—Ich kaufe IHN.

fem. nom.: DIE Zeitung ist hier.—SIE ist hier.

acc.: Ich lese DIE Zeitung.—Ich lese SIE.

neut. nom.: DAS Buch ist interessant.—ES ist interessant.

acc.: Ich lese DAS Buch.—Ich lese ES.

B. Programmed Exercises

1. a. The accusative of *ich* is ________.	mich
b. The accusative of *er* is ________.	ihn
c. The accusative of *ihr* is ________.	euch
d. The accusative of *sie* is ________.	sie
2. Meine Mutter kennt diese Frau.	
a. *diese Frau* is in the ________ case.	accusative
b. Function is indicated here by ________ alone, because accusative and nominative feminine are	position
identical in ________.	form
3. a. Because *Wagen* is a masculine noun, its article must be	
________, and the pronoun used to refer to *Wagen*	der
must be a form of ________.	er
b. Der Wagen ist gut; ich kaufe ________.	ihn
4. a. The accusative of *ein Wagen* is ________.	einen Wagen
b. The accusative of *eine Uhr* is ________.	eine Uhr
c. The accusative of *ein Buch* is ________.	ein Buch
5. The plural of *ein Kind* is ________.	Kinder

6. The plural article for both nominative and accusative is ______.	die
7. a. The accusative of *der Student* is ______.	den Studenten
b. The accusative of *der Herr* is ______.	den Herrn
8. Replace the underlined elements by pronouns:	
a. Kennen Sie Herrn Meyer?	ihn
b. Ist Herr Meyer Ihr Freund?	er
c. Kennen Sie Frau Meyer auch?	sie
d. Ist Frau Meyer auch Ihre Freundin?	sie
e. Hans liest die Zeitung.	sie
f. Wie heißt der Film denn?	er
g. Wo ist unser Buch?	es
h. Hier ist euer Wagen.	er
i. Das Kind heißt Fritz.	Es
j. Das Kind heißt Christine.	Es
k. Christine ist meine Freundin.	Sie
l. Das ist mein Auto.	es
m. Das ist mein Wagen.	er
n. Er liebt eine Studentin.	sie
o. Sie liebt einen Studenten.	ihn

A. Grammar in a Nutshell

WORD ORDER

See Analysis 29 (pp. 37-38)

Most English and German verbs complete their meaning only when followed by a COMPLEMENT.

Joe is SICK.
Hans ist KRANK.

Fritz lives IN ZURICH.
Fritz wohnt IN ZÜRICH.

The light goes ON.
Das Licht geht AN.

See Analysis 30-37 (pp. 39-43)

Basic structure of German sentences:

front field | inflected verb | inner field | complement | end field

Remember: ALL GERMAN ASSERTIONS FIT THIS PATTERN, even if they do not contain all the elements above.

Comparison between English and German:

1. English: The complement follows the inflected verb directly; the "inner field" follows the complement.

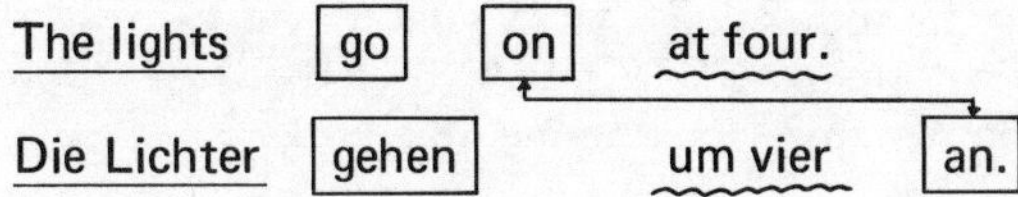

The lights
go
on
at four.
Die Lichter
gehen
um vier
an.

German: The English order is reversed: THE GERMAN COMPLEMENT ALWAYS FOLLOWS THE INNER FIELD.

2. English: Both subject and verb are position-fixed; the subject always precedes the inflected verb.

______	We	live	in Munich now.
Wir	wohnen		jetzt in München.

German: Only the inflected verb is position-fixed; the subject may precede or follow the verb.

3. English: The front field may contain, in addition to the subject, two more elements, one preceding the subject and one following the subject, but it may also remain empty.

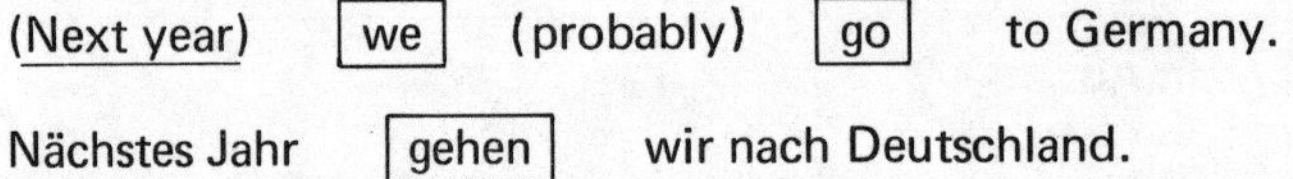

(Next year) we (probably) go to Germany.
Nächstes Jahr gehen wir nach Deutschland.

German: The front field must be occupied, but only by one element.

Basic operations:

The following diagrams show the MOST IMPORTANT SHIFTS IN WORD ORDER.

German: Double shift. If an inner field element is shifted into the front field, the front field element must be moved behind the first prong.

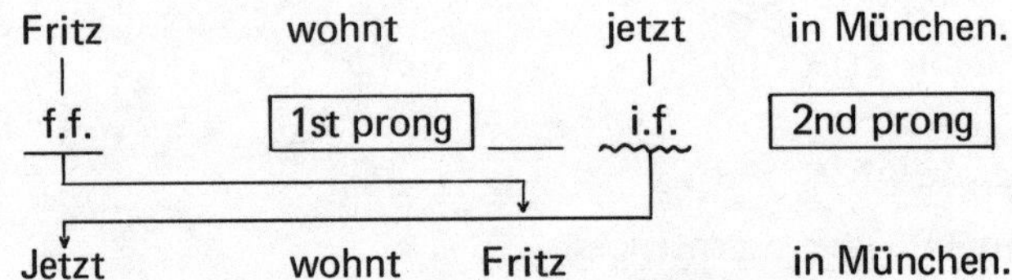

English: Single shift. An inner field element may be shifted into the empty front field (and vice versa).

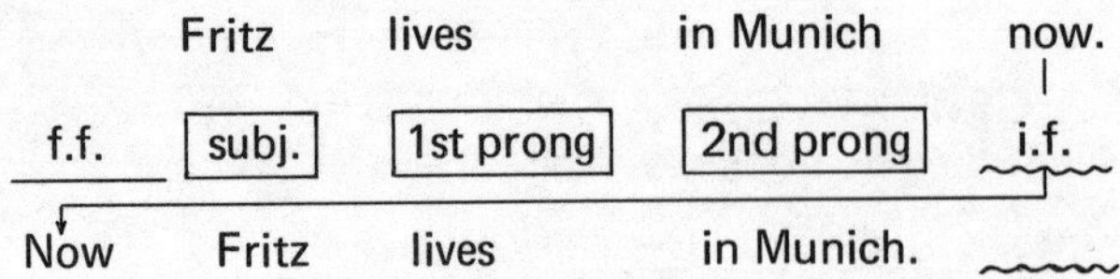

Front field:

Usually states the TOPIC of a sentence; therefore it has NO NEWS VALUE (unless the subject has news value: Meyer kommt); therefore it is normally NOT THE ANSWER TO A QUESTION (Wann kommst du?—Ich komme morgen.).

End field:

For the time being, do not attempt to produce end-field constructions; use only those introduced in the text.

Questions:

1. Word questions: Front field occupied by interrogative:

WANN	fährt	Meyer	nach Berlin?

2. Yes-or-no questions: Front field empty, VERB-FIRST POSITION:

______	Fährt	Meyer	nach Berlin?

Types of complements:

1. Predicate nouns: (with *sein;* always nominative)

Das	ist	~~~~	Herr Meyer.

2. Predicate adjectives: (with *sein,* sometimes preceded by adverbs like *wieder*)

Er	ist	~~~~	wieder gesund.

3. Directives: (question: *wohin, where to?*)

Er	fährt	~~~~	nach Berlin.

4. Complements like *an, ab:* (infinitive written as one word)

Der Zug	fährt	~~~~	ab.

5. Others: (to complete meaning of verb)

Er	wohnt	~~~~	in Berlin.

B. Programmed Exercises

1. Das Bier ist gut hier in München.	
a. Which word constitutes the second prong?	gut
b. Which is the first position-fixed word?	ist
c. Why is *gut* a verbal complement?	pred. adj.
d. *hier in München* occupies the ______, but it could also stand at the beginning; the first four words	end field
would then read ______, and *das Bier* would	Hier in München ist
follow immediately after ______.	ist
2. In which of the following sentences is the underlined element a verbal complement?	
a. Hans kommt aber morgen.	no
b. Hans kommt aber wieder.	yes

c. Hans ist in Deutschland.	yes
d. Hans fährt nach Deutschland.	yes
e. Mein Vater kennt ihn auch.	no
f. Er lernt jetzt auch fahren.	yes
g. Er kommt heute doch.	no
3. Elements like *nach Hause, nach Köln, ins Kino* are called ____________.	directives
They answer the question ____________ and are always second prong, that is, they cannot be moved into the	wohin?
____________.	front or inner field
4. a. What is wrong with [Nächstes Jahr, wir fahren nach Deutschland.]	Only one element can precede the first prong.
b. What two possibilities are there to correct (a) above?	1. Nächstes Jahr fahren wir . . . 2. Wir fahren nächstes Jahr . . .
5. ich fahre	
du ____________	fährst
er ____________	fährt
6. ich lese	
du ____________	liest
er ____________	liest
ihr ____________	lest
7. ich werde	
du ____________	wirst
er ____________	wird
ihr ____________	werdet
8. wissen: ich ____________	weiß
du ____________	weißt
er ____________	weiß
ihr ____________	wißt
9. Insert the correct form of *wissen* or *kennen:*	
a. ____________ Hans Inge gut?	Kennt
b. Das ____________ ich nicht.	weiß
c. Ich ____________, er ____________ sie gut.	weiß, kennt
d. ____________ Sie, wer ich bin?	Wissen
e. Ja, ich ____________, Sie sind Herr Meyer.	weiß

f. Ich ____________ Sie gut.	kenne
g. ____________ ihr München?	Kennt
10. In 9a above, *Hans* is in the ____________ case, and *Inge* is in the ____________ case.	nominative accusative

UNIT 3

A. Grammar in a Nutshell

NEGATION

See Analysis 41, 46 (pp. 63, 65-67)

There is no negation in German parallel to the English negation with *do not (don't), does not (doesn't).*

I DO NOT work. — Ich arbeite NICHT.

But note that the inner field separates *nicht* from the first prong.

I DO NOT work today. — Ich arbeite heute NICHT.

German negation does correspond to English negation with *to be, to have,* and the modals.

He is NOT here today. — Er ist heute NICHT hier.

He has NOT come today. — Er ist heute NICHT gekommen. (See Analysis 68, p. 101)

He canNOT come today. — Er kann heute NICHT kommen. (See Analysis 53, p. 71)

NEVER start a German sentence with

[Er tut nicht . . .]

IMPORTANT: *Nicht* always PRECEDES THE SECOND PRONG; i.e., it stands at the end of the sentence only if there is no second prong.

Ich verstehe ihn	nicht.	
Er ist leider	nicht	glücklich.
Hans ist doch	nicht	sein Sohn.
Wir gehen heute	nicht	ins Kino.

See Analysis 44-45 (pp. 64-65)

Negation by *kein:*

1. *Kein* negates *ein* or "zero article."

Er hat EINEN Sohn. → Er hat KEINEN Sohn.
Er hat >< Geld. → Er hat KEIN Geld.
Er hat >< Bücher. → Er hat KEINE Bücher.

2. *Kein* cannot be used to negate *mein, dein,* and so on.

Sie liebt meinen Sohn. → Sie liebt meinen Sohn NICHT.

See Analysis 59 (pp. 75-76)

3. *Kein* cannot normally appear in the front field.

Er hat KEIN Geld.

↓

Geld hat er NICHT.

Note the two English equivalents of *kein:*

Er hat kein Geld. { He has NO money. / He does NOT have ANY money.

Note the three German equivalents of *not a:*

I do NOT have A friend.⟶Ich habe KEINEN Freund.
I do NOT have A single friend.
⟶Ich habe NICHT EINEN Freund.
A friend I do NOT have.⟶Einen Freund habe ich NICHT.

See Analysis 59 (pp. 75-76)

See Analysis 48 (pp. 67-68)

NOCH, SCHON, MEHR

When you practice Patterns [6], p. 50, keep in mind the LOGIC of these contrasts:

schon ⟷ noch nicht
(immer) noch ⟷ nicht mehr

Ist er schon hier?—Nein, er ist noch nicht hier.
Is he here yet? —No, he is not here yet.

Ist er (immer) noch hier?—Nein, er ist nicht mehr hier.
Is he still here? —No, he isn't here anymore.

B. Programmed Exercises

1. Translate the underlined words:

a. I have no friend.	keinen
b. I don't have any friends.	keine
c. You have a friend, don't you?	nicht wahr?
d. You are Mr. Smith, aren't you?	nicht wahr?
e. I am not Mr. Smith.	nicht
f. I know nothing.	nichts
g. I don't know anything.	nichts
h. He is not here yet.	noch nicht
i. Is he here yet?	schon
j. He is not here anymore.	nicht mehr
k. I do not have any more money.	kein Geld mehr
l. I do not have a (single) friend.	nicht einen

2. The question *nicht wahr?* (or *nicht?*) corresponds to such English phrases as ______________.

aren't you?
don't you?
isn't he? etc.

3. If the *a* in *not a* corresponds to the numeral *one,* German uses ______ ______. Usually, however,	nicht ein
not a must be translated by ______.	kein
4. The negative of *Geld* is ______.	kein Geld
5. Er arbeitet heute. To negate, *nicht* must follow the word ______.	heute
6. *Nicht* must always precede the ______ ______.	second prong
7. a. The negative of *schon* is ______ ______.	noch nicht
b. The negative of *noch* is ______ ______.	nicht mehr

A. Grammar in a Nutshell

See Analysis 39, 49 (pp. 44-45, 68-69)

DOCH

3 uses:

1. Stressed, meaning *after all:*

   Er fährt jetzt doch nach München.

2. Unstressed, sentence adverb, often together with *nicht wahr?:*

   Sie fahren doch nach München, nicht wahr?

3. To answer a negative question:

   Fahren Sie nicht nach München?—Doch, (ich fahre nach München).

MODALS

See Analysis 53-56 (pp. 71-74)

Be sure you have mastered the forms on p. 71.

können—ich kann—wir können
müssen—ich muß—wir müssen
dürfen—ich darf—wir dürfen
wollen—ich will—wir wollen
sollen—ich soll—wir sollen

mögen—ich möchte—wir möchten

Remember:
1. No ending in first and third person singular.
2. None of the inflected SINGULAR forms have an umlaut.
3. Only *sollen* has the same vowel in all forms.
4. The *möchte*-forms are conjugated like regular verbs.
5. *Müssen* is usually negated by *nicht brauchen zu.*
6. English *mustn't* is expressed by *nicht dürfen.*

Syntax of Modal Constructions:

DEPENDENT INFINITIVES ALWAYS STAND AT THE END OF THE SENTENCE; only end-field elements may follow.

Note the difference in the sequence of elements in English and German:

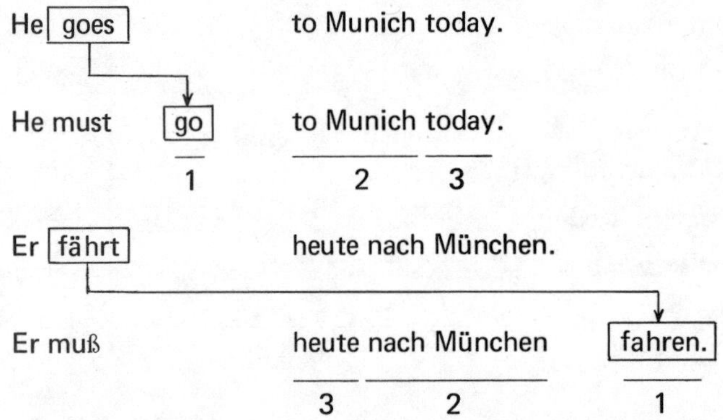

INFINITIVE: ALWAYS SECOND PRONG.
If two second-prong elements, infinitive comes last.
German sequence is exact opposite of English sequence.

Er	muß	heute		nach München	fahren
front field	first prong	inner field	↑ nicht	first box	second box
				second prong	

NICHT again stands between inner field and second prong.

B. Programmed Exercises

1. He seems to work. Er scheint ______.	zu arbeiten
2. He is able to work. Er kann ______.	arbeiten
3. He doesn't need to work. Er braucht nicht ______.	zu arbeiten
4. He must work today. Er muß heute ______.	arbeiten
5. After *scheinen* and *brauchen,* the dependent infinitive must be preceded by ______.	zu
6. The six German modals are ______.	können, müssen, dürfen, wollen, sollen, mögen
7. können: ich ______	kann
er ______	kann
ihr ______	könnt

8. dürfen: du ____________	darfst
sie ____________ (pl.)	dürfen
9. mögen: du ____________	möchtest
ihr ____________	möchtet
10. You mustn't do that.	
Du ____________ das nicht tun.	darfst
11. What word is missing? Ich brauche heute nicht nach München fahren.	zu fahren
12. What is wrong with [Ich will heute zu Hause nicht bleiben.]	nicht zu Hause bleiben
13. Explain the correction of 12.	*Nicht* must precede second prong.
14. What is wrong with [Er will heute gehen ins Kino.]	ins Kino gehen
15. Er muß schon zurückfahren.	
Er braucht noch nicht ____________.	zurückzufahren

A. Grammar in a Nutshell

See Analysis 58-59 (pp. 74-76)

CONTRAST INTONATION

Characteristic intonation pattern:

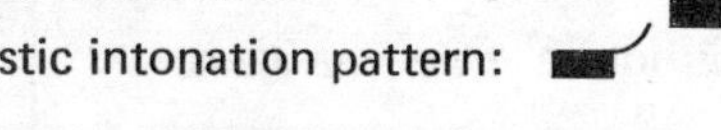

Geld hat er

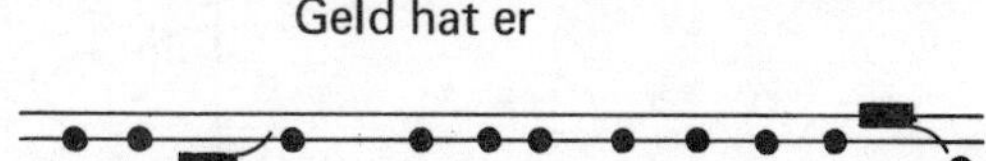

Heu-te a-bend ge-he ich mit Inge ins Ki-no

In most cases, this pattern will cause you no trouble, as long as your intonation is correct.
MAIN PROBLEM: German can shift the second prong into the front field.

Ins Kino gehe ich.
[To the movies I go.]

Doing this in English produces a nonsentence.
Remember: Many of these sentences, especially longer ones, end with *nicht.*

Ins Kino gehe ich (heute abend natürlich) nicht.

Read Patterns [16] and [17], pp. 57-58, aloud and listen to the tapes, until you have thoroughly mastered this important intonation pattern. See also Exercise F, p. 78.

IMPERATIVE

See Analysis 60 (pp. 76-77)

Structure: Identical to yes-or-no questions.

Fahren Sie nach München!
Fahren Sie nach München?

Forms: Identical with infinitive.

ONLY EXCEPTION: sein: SEIEN SIE!

Do not use *Sie*-imperatives with *du*- and *ihr*-sentences:

[Du willst ins Kino? Bitte tun Sie das nicht.]

only: Sie wollen ins Kino? Bitte tun Sie das nicht.

Review Exercise, Units 1-3

The items in this exercise have been chosen at random, so you can check your overall comprehension of these units.

A. 1. *Aber, denn, oder, und* are ____________ conjunctions.	coordinating
2. Sie wohnen doch in Köln, ____________ ____________?	nicht wahr?
3. Hast du etwas gegen ihn?—Nein, ich habe ____________ gegen ihn.	nichts
4. The only irregular imperative in German is ____________.	Seien Sie!
5. The only German modal without a vowel change is ____________.	sollen
6. The infinitive of *möchte* is ____________.	mögen
7. The accusative of *er* is ____________.	ihn
8. Ich bin morgen leider. This sentence makes no sense unless a ____________ is added.	complement
9. A question starting with *wann, wo, wer,* and so on, is called a ____________ question.	word
10. All German yes-or-no questions must start with the ____________.	inflected verb
11. The plural of many foreign words ends in ____________.	-s
12. Arbeiten Sie denn auch sonntags? The *denn* in this question adds an element of ____________.	surprise
13. ich fahre er ____________	fährt
14. können: er ____________	kann

15. ich arbeite ihr __________	arbeitet
16. ich bin ihr __________	seid
17. ich werde er __________	wird
18. wissen: du __________	weißt
19. lesen: er __________	liest
20. to know = to be acquainted = __________	kennen
21. a. He is our son. Er ist __________ __________.	unser Sohn
b. We love our son. Wir lieben __________ __________.	unseren Sohn
c. In (a), *our son* is a __________ __________	predicate noun
in the __________ case.	nominative
d. In (b), *our son* is a __________ __________	direct object
in the __________ case.	accusative
22. Es ist interessant. To which of the following can *es* refer? a. der Wagen b. das Kind c. das Buch d. Autos e. diese Zeitung	only b and c
23. English *more than* must be expressed in German by __________ __________.	mehr als
24. Regnet es noch? Nein, es regnet __________ __________.	nicht mehr
25. Hast du noch Hunger? Nein, ich habe __________ __________ __________.	keinen Hunger mehr

B. What is wrong? Each of the following sentences contains a common error. You will find the correct version in the margin. Numbers in parentheses refer to analysis sections.

1. Morgen, ich fahre nach Deutschland.	Morgen fahre ich (10, p. 11)
2. Kein Wasser ist das.	Wasser ist das nicht. (59, pp. 75-76)
3. Der Zug fährt ab jetzt.	jetzt ab (31, pp. 40-41)
4. Herr Meyer hat zwei Auto.	Autos (9, pp. 10-11)
5. Sie ist nicht ein Kind mehr.	kein Kind mehr (48, pp. 67-68)
6. Bitte sind Sie doch nicht unglücklich.	seien Sie (60, pp. 76-77)
7. Er hat kein mehr Geld als ich.	nicht mehr Geld (48, pp. 67-68)
8. Unser Sohn wird ein Arzt.	wird Arzt (50, p. 69)

9. Morgen fahre Ich nach Paris.	ich (2, pp. 6-7)
10. Ich kenne nicht, wo er ist.	weiß nicht, (23, p. 32)
11. Wer ist da?—Mich.	Ich. (25, pp. 33-34)
12. Herr Schmidt hat ein Hund.	einen Hund (26, pp. 34-36)
13. Warum arbeitst du heute nicht?	arbeitest (6, p. 9)
14. Wo fährt er denn?—Nach Köln.	Wohin (35, pp. 42-43)
15. Er möchte schon wieder nach Berlin zu fahren.	nach Berlin fahren (51, p. 69)
16. Bleibst du nicht hier?—Ja.	Doch. (49, pp. 68-69)
17. Kommt er doch?	Kommt er doch? (39, pp. 44-45)
18. Er muß zu Hause leider bleiben.	leider zu Hause bleiben (38, pp. 43-44)
19. Hans kannt heute nicht kommen.	kann (54, p. 71)
20. Ich arbeite, aber arbeitet er nicht.	aber er arbeitet (40, p. 63)

UNIT 4

A. Grammar in a Nutshell

DATIVE CASE

Review forms of the nominative and accusative (Analysis 2, 8, 9, 24, 25, 26, pp. 6-7, 10-11, 33-36).

See Analysis 61 (pp. 93-95)

Interrogative: WEM?

der-words, *ein*-words:

Singular	Plural	
DEM (EINEM) Mann	DEN (KEINEN)	MÄNNERN
DER (EINER) Frau		FRAUEN
DEM (EINEM) Kind		KINDERN

Personal pronouns:

MIR, DIR, IHM, IHR, IHM
UNS, EUCH, IHNEN

Nouns: DATIVE PLURAL ENDS IN *-N.*
(Except for nouns like *Auto: den Autos)*

See Analysis 62 (p. 95)

Verbs with dative:

IMPORTANT: Remember these well; English is apt to interfere.

Es GEHÖRT mir.
Sie HELFEN mir.
Ich DANKE dir.

See Analysis 63 (p. 96)

Verbs with dative and accusative:

Most of these are like their English equivalents. They have an indirect (dative) object and a direct (accusative) object.

DIFFICULTY: Sequence often unlike English. (See Analysis 67, pp. 98-100)

Remember: Ich frage DICH.
Du antwortest MIR.

See Analysis 65, 66 (pp. 97-98)

PREPOSITIONS

ALWAYS with ACCUSATIVE: durch, für, gegen, ohne
ALWAYS with DATIVE: aus, außer, bei, mit, nach, seit, von, zu

Be sure to study (and memorize) the special uses of these prepositions. (p. 97-98)

B. Programmed Exercises

1. The interrogative pronoun for the dative case is ________.	wem
2. a. To whom do you give it?	
________ gibst du es?	Wem
b. I give it to him: ________.	es ihm
it to her: ________.	es ihr
it to them: ________.	es ihnen
it to my friend: ________.	es meinem Freund
it to a (fem.) student: ________.	es einer Studentin
it to the men: ________.	es den Männern
3. The dative plural of most German nouns ends in ________.	-n
4. The three verbs with only a dative object introduced in this unit are ________.	gehören, helfen, danken
5. Das ist unser Haus; es gehört ________.	uns
Das ist ihre Zeitung; sie gehört ________.	ihr (fem. sing.) or: ihnen (plur.)
6. Complete with either *ihr* (dative object) or *sie* (accusative object):	
a. Ich sehe ________.	sie
b. Ich antworte ________.	ihr
c. Ich helfe ________.	ihr
d. Ich kenne ________.	sie
e. Ich danke ________.	ihr
f. Ich sage es ________.	ihr
g. Ich frage ________.	sie
h. Es gehört ________.	ihr
i. Ich glaube ________.	ihr

7. He always takes her home. Er ____________ sie immer nach Hause.	bringt
8. The prepositions that are always used with the <u>dative</u> are ____________.	aus, außer, bei, mit, nach, seit, von, zu
9. The prepositions that are always used with the <u>accusative</u> are ____________.	durch, für, gegen, ohne
10. Supply the correct article. If you get the case right, but the gender wrong, review all nouns and their articles.	
a. Er fährt mit ____________ Auto.	dem
b. Er wohnt bei ____________ Tante.	der
c. Er kommt aus ____________ Haus.	dem
d. Er kommt ohne ____________ Buch.	das
e. Er fährt durch ____________ Stadt.	die
f. Er arbeitet für ____________ Professor.	den
g. Er kommt nach ____________ Theater nach Hause.	dem
11. *von dem* is usually abbreviated to ____________.	vom

A. Grammar in a Nutshell

INNER FIELD: WORD ORDER

See Analysis 67 (pp. 98-100)

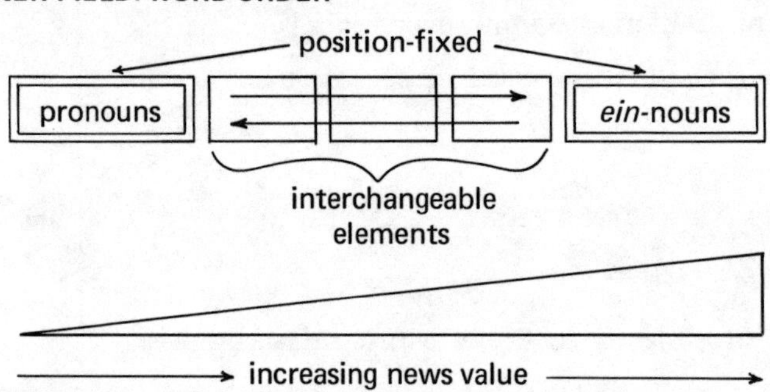

(For examples, study the summary on p. 100 of the text.)

<u>Subject</u>:

If PRONOUN, immediately after first prong;
if NOUN, normally after first prong, but may come later.

<u>Pronouns</u>:

Position-fixed at beginning of inner field (no news value); accusative pronouns ALWAYS precede dative pronouns.

Gestern hat ER ES IHM gesagt.

nom. acc. dat.

Pronouns and nouns:

Pronoun objects precede noun objects (NEWS VALUE!).

Ich habe IHM DAS BUCH gegeben.
Ich habe ES MEINEM VATER gegeben.

der-nouns:

Sequence according to INCREASING NEWS VALUE.

ein-nouns:

Always news value; therefore position-fixed at END OF INNER FIELD.

Time phrases:

Position depends on news value, but normally precede place phrases.

Place phrases:

1. DIRECTIVES (see Analysis 35, pp. 42-43) ALWAYS SECOND PRONG.
   Question: WOHIN?
2. Other place phrases: normally follow time phrases; often complements, e.g., with *wohnen.*
   Question: WO?

B. Programmed Exercises

1. If a pronoun subject does not stand in the front field, it will immediately follow the ________.	first prong
2. Today, he is going to Berlin. The first three words of the German equivalent are ________ ________ ________.	Heute geht er . . .
3. Heute gehört ihm das Haus. If you replace *das Haus* by a pronoun, the sentence must read *Heute gehört* ________.	es ihm
4. The sequence of elements in the inner field is determined largely by ________. Therefore, pronouns are position-fixed at the ________ of the inner field.	news value beginning
5. *Ein*-nouns always have news value, thus their position is always at ________________.	the end of the inner field
6. After the question Wem hast du das Buch gegeben? the correct statement is a. Ich habe dem Studenten das Buch gegeben. b. Ich habe das Buch dem Studenten gegeben.	b.

7. What is wrong with [Ich will Blumen ihr schicken.]	ihr Blumen
8. *Blumen* is the plural of ____________.	eine Blume
Therefore, it must occupy the same position as all ____________-nouns.	ein
9. What is wrong with [Er fährt nach Berlin nächstes Jahr.]	nächstes Jahr nach Berlin
10. *nach Berlin* is second prong because it is a ____________.	directive

A. Grammar in a Nutshell

See Analysis 68-72 (pp. 101-105)

THE PERFECT

Formation:

auxiliary + participle

HABEN or SEIN + { GE——T regular (weak) verbs / or GE——EN irregular (strong) verbs }

Examples:

ich HABE GErauchT
ich BIN GEreisT
ich HABE GEtrunkEN
ich BIN GEgangEN

Be sure to memorize the list of participles on p. 102.

Do not forget that the following use *SEIN:*

bleiben: ist geblieben
fahren: ist gefahren
gehen: ist gegangen
kommen: ist gekommen
sein: ist gewesen
werden: ist geworden

Note also that more irregular verbs are listed in the Unit 4 vocabulary (pp. 118-119).

Modals:

1. Without dependent infinitive: "normal" regular participles:

   hat gemußt
   hat gekonnt
   etc.

   Note: The participles of modals have NO UMLAUT.

2. With dependent infinitive: the so-called DOUBLE INFINITIVE:

   hat ARBEITEN MÜSSEN
   hat ARBEITEN KÖNNEN

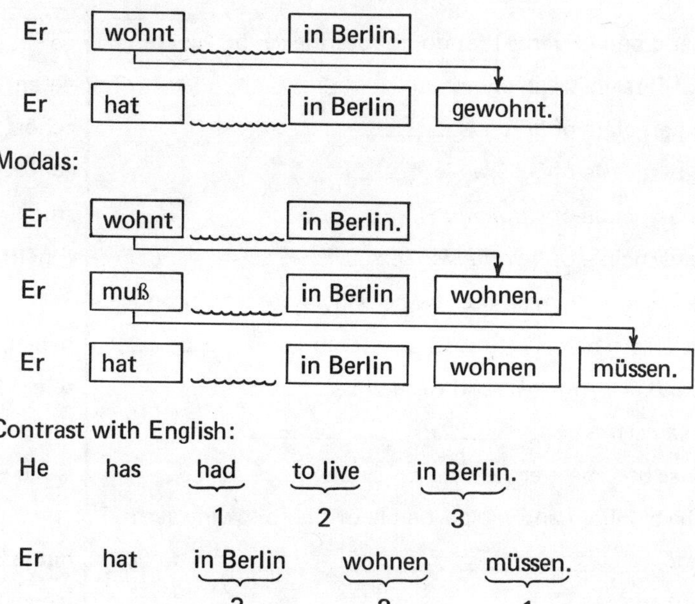

Contrast with English:

He has had (1) to live (2) in Berlin. (3)

Er hat in Berlin (3) wohnen (2) müssen. (1)

The sequence of elements in the second prong is a MIRROR IMAGE of the English sequence.

Remember: If the infinitive is written as one word (complement + infinitive), then the participle is also written as one word, and *zu* is inserted between complement and infinitive.

abfahren: abgefahren
abzufahren

but:

nach Köln fahren: nach Köln gefahren
nach Köln zu fahren

Use of perfect:

The GERMAN PERFECT is the CONVERSATIONAL PAST, i.e., it refers to what happened prior to the moment of speaking. The GERMAN PRESENT is the CONVERSATIONAL PRESENT, i.e., it refers to what is happening at the moment of speaking or later. (Further details will be given in Unit 5.)

B. Programmed Exercises

1. Verbs that form their participles with the frame ge------t are called regular or ____________ verbs. The vast majority of all German verbs follow this pattern.	weak
2. Irregular (or strong) verbs form their participles with the frame ____________.	ge------en

3. Verbs with an unstressed prefix do not use the *ge-* in the participle. These unstressed prefixes are ______.	be-, emp-, ent-, er-, ge-, ver-, zer-
4. Another group of verbs that do not use the *ge-* prefix are those of foreign origin ending in ______.	-ieren
5. a. The participle of *hören* is ______.	gehört
b. The participle of *gehören* is ______.	gehört
c. The participle of *studieren* is ______.	studiert
d. The participle of *heiraten* is ______.	geheiratet
6. Unlike English, German uses two auxiliary verbs to produce perfect forms, namely ______ and ______.	haben, sein
7. a. The auxiliary for *sein* and *werden* is ______.	sein
b. I have been = ich ______ ______.	bin gewesen
c. He has become = er ______ ______.	ist geworden
8. Give the auxiliary and the participle of the following verbs:	
a. lesen: ______ ______	hat gelesen
b. kommen: ______ ______	ist gekommen
c. tun: ______ ______	hat getan
d. gehen: ______ ______	ist gegangen
e. bleiben: ______ ______	ist geblieben
f. trinken: ______ ______	hat getrunken
If you cannot produce these forms automatically, you should return to the list on p. 102 of the text.	
9. Some weak verbs have irregular participles, for example:	
a. denken: ______ ______	hat gedacht
b. bringen: ______ ______	hat gebracht
c. kennen: ______ ______	hat gekannt
d. wissen: ______ ______	hat gewußt
10. The "normal" participles of the modals are:	
müssen: hat ______	gemußt
wollen: hat ______	gewollt
können: hat ______	gekonnt
sollen: hat ______	gesollt
dürfen: hat ______	gedurft
11. None of the modal participles have an ______.	umlaut

12. With a dependent infinitive, the modal perfect uses the so-called ______________.	"double infinitive"
13. a. He had to work yesterday. Er hat gestern ______________ ______________.	arbeiten müssen
b. He did not need to work yesterday. Er hat gestern nicht ________ ____________ ____________.	zu arbeiten brauchen
14. The position of the participle is always in the ______________.	second box of the second prong
15. The participle of *abfahren* is ______________.	abgefahren
16. If *zu* is added to the infinitive *abfahren,* the form must be ______________.	abzufahren
17. a. Which comes last in the double infinitive, the dependent infinitive or the modal?	the modal
b. Thus: He has had to go. Er hat ______________ ______________.	gehen müssen

A. Grammar in a Nutshell

TIME PHRASES

Distinguish between the following three types:

1. Point-of-time phrases
2. Frequency phrases
3. Stretch-of-time phrases

See Analysis 73 (pp. 105-106)

1. Point-of-time:

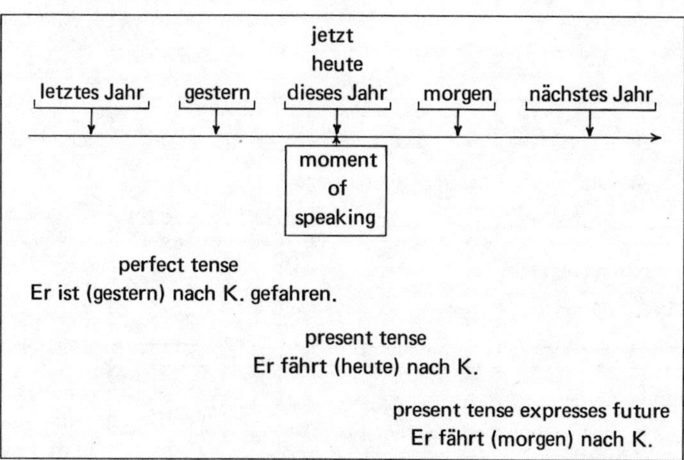

a. point prior to moment of speaking: perfect tense

b. point = moment of speaking
   point after moment of speaking } : present tense

2. Frequency phrases:

See Analysis 74 (pp. 106-108)

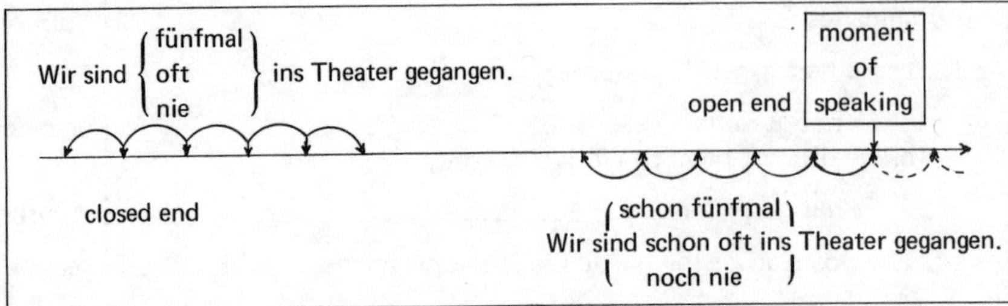

The actions described here are REPEATED ACTIONS (or the repeated absence of actions): iterative use of verbs.

Er ist (schon) immer ein Dummkopf gewesen.
= Every time he (has) had a chance, he (has) behaved stupidly.

3. Stretch-of-time:

See Analysis 75 (pp. 108-113)

The following chart sums up Analysis 75. Note the combination of tense and time phrase to express

a. What was but is no longer.
b. What just ended at the moment of speaking.
c. What has been going on and still is.
d. What will end in the future.

Note: The wavy line (〰〰) in the chart below indicates time of action while going on.

	Moment of speaking	
a. Ich habe lange gewartet. (I waited long.) perfect + *lange*		action stopped before moment of speaking
b. Ich habe schon lange gewartet. (I have been waiting long.) perfect + *schon lange*		action stops at moment of speaking
c. Ich warte schon lange. (I have been waiting long.) present + *schon lange*		action still going on at moment of speaking
d. Ich warte (noch) lange. (I am going to be waiting long.) present + *lange*		action will end in future (it may have started before moment of speaking)

B. Programmed Exercises

1. The three types of time phrases discussed in this unit are ________, ________, and ________ phrases.	point-of-time, frequency, stretch-of-time
2. The phrase *vor einem Jahr* means ________.	a year ago
3. Dieses Jahr sind wir schon dreimal in B. gewesen.	
a. Is the year over?	no
b. What is the reason for the answer to 3a?	*Schon dreimal* is an open-end term.
c. What would be the implication, if *erst dreimal* were used?	fewer times than expected
4. I lived in Stuttgart for two years. Ich habe (für zwei Jahre?) (seit zwei Jahren?) (zwei Jahre?) in Stuttgart gewohnt.	zwei Jahre
5. For all-past situations, English uses the ________ tense.	past
6. I have been living here for two years.	
a. *have been living* corresponds to German ________.	wohne
b. *for two years* corresponds to German ________, or ________, or ________.	seit zwei Jahren, schon zwei Jahre, schon seit zwei Jahren
7. In 6, *for two years* is an ________ phrase; and because I am living here at the moment of speaking, German	up-to-now
uses the ________ tense.	present
8. Es regnet schon wochenlang. Is it still raining?	yes
9. Er hat jahrelang in Hamburg gelebt. Is he still in Hamburg?	no
10. Darauf haben Sie schon lange gewartet. Is the new product on the market now?	Yes, it just came out.

UNIT 5

A. Grammar in a Nutshell

See Analysis 80-86 (pp. 131-137)

PAST TENSE

As you study the past tense, review the perfect tense (Analysis 68-72, pp. 101-105).

MEMORIZE the principal parts of strong and irregular verbs on pp. 154-155. All these verbs are very common, and you will need to use them constantly from now on. Learning them will require patience, but unfortunately there is no easy short cut.

Weak verbs add a *-t-* between stem and ending:

present: ich liebe
past: ich LIEBTE
er LIEBTE (no *-t* ending!)

Modals: Like weak verbs, but NO UMLAUT.

Strong verbs: Unpredictable changes in the stem; they all change stem vowel; no ending in first and third person singular.

present: ich gehe
past: ich GING
du GINGST
er GING
wir GINGEN
ihr GINGT
sie GINGEN

haben: past: ich HATTE
sein: past: ich WAR

See Analysis 87 (p. 137)

THE PLUPERFECT

past tense of (SEIN / HABEN) plus PARTICIPLE

ich WAR GEGANGEN —I had gone
ich HATTE GEWOHNT—I had lived

USE OF TENSES

See Analysis 72, 84, 88 (pp. 104-105, 134-136, 137)

	present TIME	past TIME	pre-past TIME
Conversational	er geht present TENSE	er ist gegangen perfect TENSE	er war gegangen pluperfect TENSE
Narrative	er ging past TENSE	er war gegangen pluperfect TENSE	er war gegangen pluperfect TENSE

Remember: The German past and perfect are not identical with the English past and present perfect.

Conversational tenses relate to the chronological present. Narrative tenses relate to some time other than the chronological present, usually some time in the past, but also, for example, 1984 or 2001. Within the framework of the narrative, the past tense represents the narrative (fictional; fictitious) present time.

Example:

Am 15. Juli 1962 kam Klaus abends ins Hotel Regina; er war heute weit gefahren.

Heute refers to a time in the chronological past (1962), but it could also refer to, say, 1992, as in a science fiction novel.

IMPORTANT: *Sein, haben,* and the modals are usually used in the PAST TENSE RATHER THAN THE PERFECT.

Carefully analyze the sentences in Exercise M (pp. 151-152) to determine whether you need to use the German past or perfect. Note that some of these sentences could be in either tense, depending on possible contexts. What would determine your choice one way or the other?

TIME PHRASES

Review Analysis 73-76 (pp. 105-113). In narratives, time phrases are used exactly as in conversational situations. In 73-76, change

present tense forms to past tense forms and

perfect tense forms to pluperfect tense forms.

Ich wohne seit 1950 in B. ⟷ Ich wohnte seit 1950 in B.
Wir haben lange gewartet. ⟷ Wir hatten lange gewartet.

B. Programmed Exercises

1. Numbers. Note the spelling of the following:	
six: ____________	sechs
sixteen: ____________	sechzehn
seven: ____________	sieben
seventeen: ____________	siebzehn
twenty: ____________	zwanzig
2. four minus two = vier ____________ zwei	weniger
3. The form *liebte* indicates that *lieben* is a ____________ verb.	weak
4. a. Weak verbs form their past by inserting the letter ______ between stem and ending.	-t-
b. The third person singular of weak verbs does not end in ____________.	-t
5. Form the past:	
a. lieben: er ____________	liebte
b. wohnen: ihr ____________	wohntet
c. arbeiten: du ____________	arbeitetest
d. müssen: er ____________	mußte
e. haben: wir ____________	hatten
6. The forms *durfte, konnte, mußte* show that the modals do not add an ____________ in the past.	umlaut

7. The past tense forms of <u>strong</u> verbs are unpredictable, but all of them change their ____________ vowel.	stem
8. Form the past:	
a. gehen: er ____________	ging
b. anrufen: er ____________ ____________	rief an
c. geben: ich ____________	gab
d. kommen: wir ____________	kamen
e. verstehen: sie ____________	verstand(en)
f. verschwinden: er ____________	verschwand
g. sehen: wir ____________	sahen
h. bleiben: ich ____________	blieb
i. sitzen: er ____________	saß
j. lassen: ich ____________	ließ
k. essen: er ____________	aß
l. scheinen: er ____________	schien
9. The first and third persons singular of strong verbs never have an ____________ in the past tense.	ending
10. Form the past:	
a. bringen: er ____________	brachte
b. kennen: ich ____________	kannte
c. denken: er ____________	dachte
d. sein: ihr ____________	wart
e. werden: wir ____________	wurden
f. wissen: ich ____________	wußte
11. a. The present and the perfect are used in ____________	conversational
situations. Thus, the past <u>TIME</u> of *ich gehe* is ____________.	ich bin gegangen
b. In narrative situations, on the other hand, present <u>TIME</u> is expressed in the ____________ tense, and the form	past
corresponding to *ich bin gegangen* is ____________.	ich war gegangen
12. Forms like *ich war gegangen* and *ich hatte gewohnt* are in the ____________ tense.	pluperfect
13. What are the missing forms?	
a. to live — wohnen — ____________ — hat gewohnt	wohnte
b. ____________ — abholen — holte ab — hat abgeholt	to pick up

c. to begin	anfangen	______	hat angefangen	fing an
d. to lie	______	log	hat gelogen	lügen
e. to command	befehlen	befahl	___ befohlen	hat
f. to bring	bringen	brachte	___ ______	hat gebracht
g. to ask	fragen	______	hat gefragt	fragte
h. to give	geben	______	hat gegeben	gab
i. to belong	gehören	gehörte	hat ______	gehört
j. to sit	sitzen	______	hat ______	saß; gesessen
k. ______	sterben	starb	___ gestorben	to die; ist
l. to talk	reden	______	hat geredet	redete
m. ______	zwingen	zwang	hat gezwungen	to force
n. to become	werden	wurde	___ ______	ist geworden
o. to let	lassen	______	hat gelassen	ließ

A. Grammar in a Nutshell

VERB-LAST POSITION

See Analysis 10, 16 (pp. 11, 16-17)

Remember:

Verb-second position: In (a) assertions,
(b) word questions.

Heute [fährt] er nach München.

Wann [fährt] er nach München?

See Analysis 16 (pp. 16-17)

Verb-first position: In yes-or-no questions.

[Fährt] er nach München?

See Analysis 89-95 (pp. 137-143)

Verb-last position: In introduced dependent clauses.

Ich weiß, er [fährt] nach München.

Ich weiß, daß er nach München [fährt]

DEPENDENT CLAUSES are introduced by
subordinating conjunctions or interrogative conjunctions

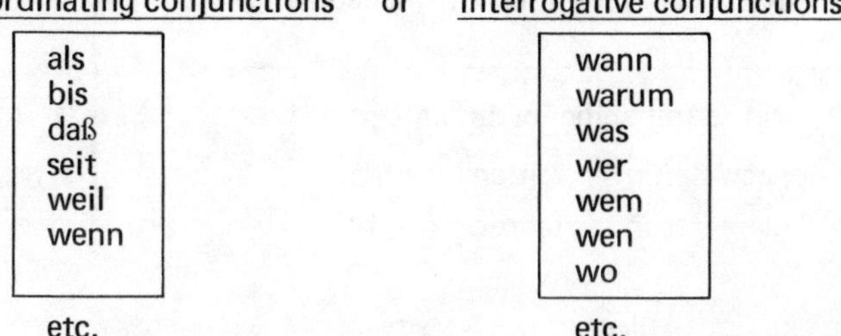

subordinating conjunctions	interrogative conjunctions
als	wann
bis	warum
daß	was
seit	wer
weil	wem
wenn	wen
	wo
etc.	etc.

Interrogative conjunctions introduce indirect word questions.

Indirect yes-or-no questions are introduced by *OB.*

Ist er hier?

Weißt du, ob er hier ist ?

DO NOT CONFUSE subordinating and the following coordinating conjunctions:

und
oder
denn
aber } er fährt nach München.

Front field: Dependent clauses = first element, that is, verb-second position is maintained.

Ich,	weiß,	daß er nach München fährt.
1	2	3
Daß er nach München fährt,	weiß	ich.
1	2	3

B. Programmed Exercises

1. a. "Introduced" dependent clauses always begin with ________ or with ________ conjunctions.	subordinating, interrogative
b. In introduced dependent clauses, the finite verb always stands at the ________; we therefore speak of	end
________ position.	verb-last
2. In German, the sequence of elements following the subject is the exact ________ of the sequence in English.	opposite
3. . . . , because she wanted (1) to go (2) to the movies (3) with him. (4)	
a. The German equivalent should show the sequence ________.	4-3-2-1
b. The last word of the German sentence must be ________.	wollte
4. *Als, daß,* and *wenn* are ________ conjunctions.	subordinating
5. The four coordinating conjunctions introduced so far are ________.	aber, denn, oder, und
6. Insert *wollte* into the following incomplete sentences:	
a. denn er nach Berlin fahren	after *er*
b. weil er nach Berlin fahren	after *fahren*

7. If the finite verb in a clause introduced by *wann* stands at the end, the clause must be an ________ question.	indirect
8. Weißt du, ________ er hier ist?	ob
9. Wenn ich dich sehe, ________ bin ich immer glücklich.	dann (see p. 141)
10. Weißt du, (wenn or wann?) er nach Hause kommt?	wann
11. English *when* corresponds to German *wann* if it can be replaced by ______ ______ ______.	at what time
12. Heute kommt Meyer spät nach Hause. Weißt du, ob ______ ______ spät nach Hause kommt?	Meyer heute
13. In dependent clauses, the subject usually follows immediately after the ________.	conjunction
14. If a dependent clause precedes a main clause, the first word of the main clause must be the ______ ______,	finite verb
thus maintaining the principle that only one ________ may precede the first prong.	element
15. The dependent clause may be summed up at the beginning of the main clause with the words ______ or ______.	dann, so
16. What is wrong with	
a. Als der Zug ab fuhr, war es fünf Uhr.	abfuhr (one word)
b. Weißt du, wann er ankommen ist?	angekommen
c. Wenn sie kommt, ich gehe mit ihr ins Kino.	gehe ich
d. Sie ist glücklich, weil ihr Freund ist hier.	hier ist
e. Ich weiß nicht, wenn er kommt.	wann or ob
f. Ich glaube nicht, er kommt.	daß er kommt
Reading. The following statements are either true (T) or false (F). If you cannot readily come to the right conclusion, reread the story on pp. 127-130.	
1. Schmidt-Ingelheim ist seit Wochen in Casablanca.	F
2. Schmidt-Ingelheim hat Mr. Thistlethwaite vor drei Wochen zufällig kennengelernt.	F
3. Schmidt-Ingelheim arbeitet an einem Kriegsroman, der viel mit Afrika zu tun hat.	T
4. Der Reporter kann gut verstehen, daß Schmidt-Ingelheim einfach einmal verschwinden mußte.	T
5. Von seiner Tochter hat Schmidt-Ingelheim lange nichts mehr gehört.	F
6. Die Tochter studiert seit 10 Jahren in Kairo Archäologie.	F

7. Frau Katharina Schmidt weiß nicht, daß Schmidt-Ingelheim in Afrika verschwunden ist.	F
8. Katharina ist die Mutter von Ingelheims Tochter.	T
9. Katharina und Hans haben 1940 geheiratet, als Hans von der Westfront nach Hause kam.	T
10. Nach dem Krieg blieb Ingelheim in Norwegen, um zu fischen und Schi zu laufen.	F
11. Ingelheim machte viele Reisen, aber er kam immer wieder zurück.	T
12. Weil Katharina wußte, wer Gisela war, fuhr sie zu ihrer Mutter.	F
13. Der Briefträger brachte Frau Schmidt-Ingelheim zwei Briefe von ihrem Mann.	T
14. Ingelheim wollte seine Tochter nach Zürich schicken.	F
15. Frau Schmidt-Ingelheim will ihrem Mann sagen, daß der Reporter angerufen hat.	T

Word formation.

1. Form diminutives with *-chen:*	
a. das Schiff	das Schiffchen
b. das Bett	das Bettchen
c. der Kopf	das Köpfchen
d. der Garten	das Gärtchen
e. die Blume	das Blümchen
2. Form agent nouns with *-er:*	
a. finden	der Finder
b. lügen	der Lügner
c. schlafen	der Schläfer
3. Form neuter nouns:	
a. essen	das Essen
b. schilaufen	das Schilaufen
c. sein	das Sein
4. Form compound nouns:	
a. das Glas, das Bier	das Bierglas
b. der Abend, das Essen	das Abendessen
c. die Medizin, der Student	der Medizinstudent
d. Rom, die Reise	die Romreise
e. die Mathematik, das Buch	das Mathematikbuch
f. die Stadt, das Theater	das Stadttheater
g. die Liebe, der Brief	der Liebesbrief

UNIT 6

A . Grammar in a Nutshell

See Analysis 104-117 (pp. 173-188)

THE SUBJUNCTIVE

Note: This section deals with the entire subjunctive analysis; you are advised therefore to study it thoroughly only after you have covered Analysis 104-117.

It is VERY IMPORTANT that you master the German subjunctive patterns thoroughly. The fact that the English subjunctive has all but disappeared should not lead you to the false assumption that the German subjunctive is unimportant. The following English sentences are all very common. You use this kind of sentence constantly, and you must realize that the German equivalents all require subjunctive forms. German subjunctives, in other words, are so common that you simply cannot function in German without knowing them.

I wish you hadn't mentioned it.
If I had known that, I would have come.
If we only had more time.
I'd like to have a cup of coffee.
He told me I didn't have to come.
She said she felt much better.

Forms:

		indicative	subjunctive
present:	weak	er wohnt	er wohnte
	strong	er geht	er ginge
	modals	er muß	er müßte
	sein	er ist	er wäre
	haben	er hat	er hätte
past:	weak	er wohnte	ONLY ONE SET OF FORMS
	strong	er ging	er hätte gewohnt
	modals	er mußte	er hätte gehabt
	sein	er war	etc.
	haben	er hatte	er wäre gegangen
perfect:		er hat gewohnt	er wäre gewesen
		er ist gegangen	etc.
pluperfect:		er hatte gewohnt	er hätte (inf.) müssen
		er war gegangen	
future:		er wird wohnen	er würde wohnen
		gehen	gehen
		müssen	müssen
		sein	sein
		haben	haben

Note: You can produce all subjunctive forms when you have mastered the present subjunctive. See table at top of p. 36.

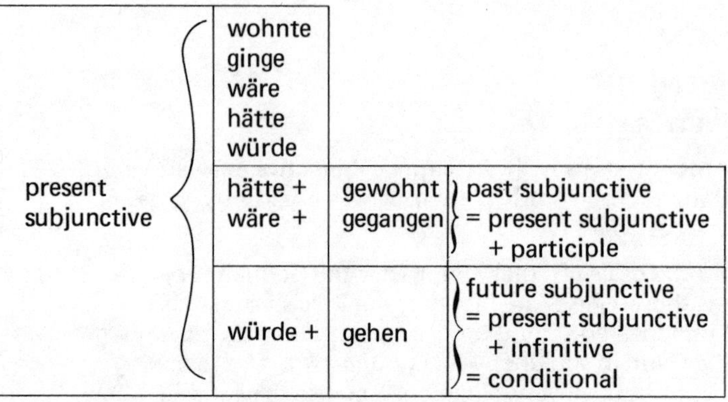

present subjunctive	wohnte ginge wäre hätte würde		
	hätte + wäre +	gewohnt gegangen	past subjunctive = present subjunctive + participle
	würde +	gehen	future subjunctive = present subjunctive + infinitive = conditional

All subjunctive forms have the same set of endings:

wohnt-	-e
ging-	-(e)st
wär-	-e
hätt-	-en
	-(e)t
würd-	-en

Uses of the subjunctive:

1. a. Wishes with Ich wollte (wünschte), . . .
   Es wäre nett, wenn . . .
   Wenn ich (doch) nur . . .

   b. Irreal conditions:
   Wenn ich ______ hätte, wäre ich ________.

   c. Irreal statements of preference:
   Ich wäre gerne (lieber; am liebsten) . . .

2. Polite requests:
   Könnte ich bitte . . . ?
   Hätten Sie vielleicht . . . ?

3. Indirect discourse:
   Er sagte, er ginge (wäre gegangen)
   er wohnte (hätte gewohnt)
   (würde wohnen)

(Another set of forms for indirect discourse will be introduced in Unit 7; also the use of the subjunctive with *als ob (as if)*, but these present no big problem.)

Examples:

MEMORIZE the following brief sentences. They will serve you as referents for all major subjunctive patterns and will help you produce sentences with the subjunctive.

1. a. Wishes

	Ich wollte,
past subj.:	er hätte in Berlin gewohnt.
	er wäre nach Berlin gefahren.

würde:	er würde hierbleiben.
modals:	er könnte hierbleiben.
weak verbs:	er wohnte in Berlin.
strong verbs:	er führe nach Berlin.

1. b. Irreal conditions

past subj.:	Wenn er in B. gewohnt hätte, hätte ich ihn besucht.
	Wenn er in B. gewesen wäre, hätte ich ihn besucht.
	Wenn er in B. gewohnt hätte, wäre ich zu ihm gegangen.
	Wenn er in B. gewesen wäre, wäre ich zu ihm gegangen.
würde:	Wenn er mich bitten würde, würde ich mitgehen.
	Wenn er mich bitten würde, ginge ich mit.
	Wenn er nach B. ginge, würde ich auch gehen.
modals:	Wenn er könnte, käme er.

CAUTION: Verb forms must be recognizable as subjunctive.

Indicative:	Wenn es regnete, gingen wir nach Hause.
Subjunctive:	Wenn es jetzt regnete, gingen wir natürlich sofort nach Hause.

Remember: In the past time, *würde*-forms are not used, but only *hätte* or *wäre.* In the present time, there is usually one *würde*-form.

Wenn es regnete, würden wir sofort gehen.

Wenn es regnen würde, gingen wir sofort.

In all these sentences, *wenn*-clause and conclusion can be reversed.

Wir würden sofort gehen, wenn es jetzt regnete.

"Double Infinitive": In dependent clauses with the so-called double infinitive, the finite verb PRECEDES the entire second prong.

Wenn er HÄTTE kommen können, . . .

Wenn er HÄTTE nach B. fahren müssen, . . .

1. c. Statements of preference

past subj.:	Ich hätte auch gerne in B. gewohnt.
	Ich wäre auch gerne nach B. gefahren.
würde:	Ich würde auch gerne nach B. fahren.
modals:	Ich müßte mal nach B. fahren. (ought to)
weak verbs:	Ich wohnte auch gerne in B.
strong verbs:	Ich führe auch gerne nach B.

2. Polite requests

Ich hätte gerne (lieber; am liebsten) ein Glas Wein.
Hätten Sie vielleicht noch ein Zimmer frei?
Könnte ich noch ein Zimmer bekommen?

3. Indirect discourse

	Er sagte:	Er sagte,
pres. subj.:	„Ich komme nach B."	er käme nach B. er würde nach B. kommen.
past subj.:	„Ich kam nach B." „Ich bin nach B. gekommen." „Ich war nach B. gekommen."	er wäre nach B. gekommen.
fut. subj.:	„Ich werde nach B. kommen."	er würde nach B. kommen.

B. Programmed Exercises

1. The future tense is formed with ______ as an auxiliary plus an infinitive. Therefore, *he will go* corresponds to German ______.	werden er wird gehen
2. The German future is not used very often; usually, the present is used, especially if it is accompanied by a ______ ______. Therefore, *he will go tomorrow* can be expressed by ______.	time phrase er geht morgen
3. Er wird wohl zu Hause sein. He is ______ at home. The example shows that the German future tense is also used to express present ______.	probably probability
4. Without a context, the English verb form *lost* could be either ______ or ______.	past indicative, present subjunctive
5. The German translation of *he lost* can be either *er* ______ (indic.) or *er* ______ (subj.).	verlor, verlöre
6. One set of German subjunctives which can never be used as indicatives is the ______ subjunctive.	past
7. You have mastered the German past subjunctive as soon as you realize that you need to know only two auxiliaries, namely ______ and ______.	hätte, wäre

8. If we had gone, . . . Wenn wir ____________, . . .	gegangen wären
had lived ____________	gewohnt hätten
had worked ____________	gearbeitet hätten
had stayed ____________	geblieben wären
had called ____________	angerufen hätten
had come ____________	gekommen wären
9. English modal subjunctives starting with *could have . . . , would have . . . , should have . . .* are translated into German starting with ____________.	hätte
10. a. He could have come. Er ____________.	hätte kommen können
b. He would have had to go. Er ____________.	hätte gehen müssen
c. He should have stayed. Er ____________.	hätte bleiben sollen
11. The German equivalent of *I wish* is either *ich* ____________	wollte
or *ich* ____________.	wünschte
12. I wish they had come. Ich wollte, sie ____________.	wären gekommen
I wish they had called. Ich wollte, sie ____________.	hätten angerufen
13. If an open condition like Wenn er gekommen ist, hat er Hans bestimmt besucht is transformed into an irreal condition, the verb forms must be	
Wenn er gekommen ____________, ____________ er Hans bestimmt besucht.	wäre, hätte
14. a. I would have liked to stay here.	
Ich ____________ ____________ hier geblieben.	wäre gerne
b. I would have preferred to live in Munich.	
Ich hätte ____________ in München gewohnt.	lieber
c. I would have liked most to stay at home.	
____________ wäre ich zu Hause geblieben.	Am liebsten
15. The future subjunctive is always recognizable as a subjunctive because it must have a ____________-form.	würde
16. The future subjunctive is also used as the German ____________.	conditional
17. If only he would stay here.	
Wenn er doch nur hier ____________ ____________.	bleiben würde
18. Those modals have an umlaut in the present subjunctive that also have an umlaut in the ____________.	infinitive

19. The only two modals that never have an umlaut are ______ and ______.

wollen, sollen

20. The form *wir führen* (of the verb *fahren*) can only be subjunctive because ______.

it has an umlaut

21. In polite requests, English *Would you have . . .* corresponds to German ______; and English *I'd like to have . . .* corresponds to ______.

Hätten Sie (vielleicht) . . ., Ich hätte gerne . . .

22. a. With a dependent infinitive, the participle of a modal has the same form as the ______ of the modal. This construction is often referred to as "______."

infinitive
double infinitive

b. He could have come. Er ______ ______ ______.

hätte kommen können

If he could have come , . . . Wenn er ______ ______ ______, . . .

hätte kommen können

c. The second sentence under 22b shows that in dependent clauses with a double infinitive the finite verb ______ the second prong.

precedes

23. The present subjunctive of *er brachte* is ______.

er brächte

24. Add the appropriate sentence adverb:

Ich sollte jetzt ______ nach Hause gehen, aber ich bleibe doch noch hier.

eigentlich

25. In indirect discourse, the present subjunctive is used if the corresponding form in the direct discourse is in the ______ tense.

present

26. The past subjunctive must be used for direct statements in the ______, ______, and ______.

past, perfect, pluperfect

27. *Er kam, er ist gekommen,* and *er war gekommen* have only one subjunctive form: ______.

er wäre gekommen

28. Translate the underlined portions.

a. I wish he weren't coming.
käme nicht

b. She would have liked most of all to go to Italy.
am liebsten

c. We ought to go home tomorrow.
sollten eigentlich

d. He told me he was sick.
wäre

e. I wish you hadn't said that.
hättest das nicht gesagt

f. I would have come.
wäre gekommen

g. I would have had to come.
hätte kommen müssen

h. I'd like to have a cup of coffee.	hätte gerne
i. He told me I didn't have to come.	brauchte nicht zu kommen
j. He said he would be working in the garden.	würde . . . arbeiten
k. He wrote that he would come tomorrow.	käme (würde . . . kommen)
l. I would rather stay home.	lieber
m. You should not have come.	hättest nicht kommen sollen
n. It would be nice if we could stay.	Es wäre nett
o. If he went, I'd go too.	ginge
p. If he hadn't come, I'd be sad.	nicht gekommen wäre

SUMMARY OF VERB FORMS

Numbers in parentheses refer to pages in the main text. The "indirect-discourse subjunctive" in the right column will be introduced in Unit 7.

At this point you are well advised to go over all analysis sections in Units 1-6 dealing with verb forms and tenses and their use.

tense	indicative	subjunctive	indirect-discourse subjunctive
future	er wird wohnen gehen sein etc. (173)	er würde wohnen gehen sein etc. (178)	er werde wohnen gehen sein etc. (219)
present	er wohnt (7) er geht (7) er hat (9) er ist (9) er muß (71)	er wohnte (181) er ginge (182) er hätte (179) er wäre (179) er müßte (179)	er wohne er gehe er habe (219) er sei er müsse
past	er wohnte (132) er ging (133) er hatte (133) er war (133) er mußte (132)		
perfect	er hat gewohnt (101) er ist gegangen (102) er hat gehabt (102) er ist gewesen (102) er {hat gemußt (102) hat __müssen (102)}	er hätte gewohnt er wäre gegangen er hätte gehabt er wäre gewesen er {hätte gemußt hätte __müssen} (175)	er habe gewohnt er sei gegangen er habe gehabt er sei gewesen er {habe gemußt habe __müssen} (219)
pluperfect	er hatte gewohnt er war gegangen er hatte gehabt er war gewesen (137) er {hatte gemußt hatte __müssen}		
future perfect	er wird gewohnt haben gegangen sein gewesen sein etc. (173)	er würde gewohnt haben gegangen sein gewesen sein etc. (178)	er werde gewohnt haben gegangen sein gewesen sein etc. (219)

Reading. The following exercise is designed to test your comprehension of the Brecht story. For each blank, select the correct completion, then check the answers provided at the end of the exercise. Unless you have made no errors, reread the story on pp. 170-172.

Wenn die Haifische Menschen wären

„Wenn die Haifische Menschen wären", fragte Herrn K. die kleine __(1)__ seiner Wirtin, „wären sie dann netter zu den kleinen Fischen?" „__(2)__", sagte er. „Wenn die Haifische Menschen wären, würden sie im Meer für die kleinen Fische gewaltige Kästen bauen __(3)__, mit allerhand Nahrung drin, sowohl Pflanzen als auch Tierzeug. Sie __(4)__ sorgen, daß die Kästen immer frisches Wasser hätten, und sie würden überhaupt allerhand sanitäre Maßnahmen treffen. Wenn __(5)__ ein Fischlein sich die Flosse verletzen würde, dann würde ihm sogleich ein Verband gemacht, damit es den __(6)__ nicht wegstürbe vor der Zeit. Damit die Fischlein nicht trübsinnig würden, gäbe es ab und zu große Wasserfeste; __(7)__ lustige Fischlein schmecken besser als trübsinnige. Es gäbe natürlich auch Schulen in den großen Kästen. In diesen __(8)__ würden die Fischlein lernen, wie man in den Rachen der Haifische schwimmt. Sie würden zum Beispiel Geographie brauchen, damit sie die großen Haifische, die faul irgendwo liegen, finden __(9)__. Die Hauptsache wäre natürlich die moralische Ausbildung des Fischleins. Sie würden unterrichtet werden, daß es das Größte und Schönste sei, wenn ein Fischlein sich freudig aufopfert, und daß sie alle an die __(10)__ glauben müßten, vor allem, wenn sie sagten, sie würden für eine schöne Zukunft sorgen."

1. a. Frau b. Schwester c. Tochter d. Mutter
2. a. Nein b. Aber c. Leider d. Sicher
3. a. lassen b. haben c. sein d. sollen
4. a. werden b. würden c. wird d. wurden
5. a. zum Beispiel b. beim Schreiben c. wie immer d. am besten
6. a. Fischlein b. Haifischen c. Kästen d. Menschen
7. a. da b. dann c. weil d. denn
8. a. Kästen b. Büchern c. Schulen d. Festen
9. a. kann b. konnten c. konnte d. könnten
10. a. Haifische b. Geographie c. Ausbildung d. Fischlein

Correct answers:
1. c, 2. d, 3. a, 4. b, 5. a, 6. b, 7. d, 8. c, 9. d, 10. a

REVIEW EXERCISE, UNITS 1-6

Numbers in parentheses refer to analysis sections.

A. 1. Sieben und neun ist __________.

sechzehn (79, p. 131)

2. The past tense of *ihr habt* is *ihr*__________.

hattet (81, pp. 132-133)

3. The perfect of *ich kann arbeiten* is *ich habe*

__________ __________.

arbeiten können (69, pp. 101-102)

4. This construction is called "________ ________."

double infinitive (69, pp. 101-102)

5. We have been living in B. for two years.	
have been living = ________.	wohnen (75, pp. 108-113)
6. What is the auxiliary?	
a. er ________ geblieben	ist (69, pp. 101-102)
b. er ________ studiert	hat
c. er ________ gestorben	ist
d. er ________ gewesen	ist
e. er ________ bleiben wollen	hat
7. Er wohnt in Berlin ________ seiner Tante.	bei (66, pp. 97-98)
8. The prepositions governing the accusative are ________________.	durch, für, gegen, ohne (65, p. 97)
9. Das ist mein Wagen. ______ gehört ______.	Der, mir (62, p. 95)
10. He isn't home yet. Er ist ________ zu Hause.	noch nicht (48, pp. 67-68)
11. Wein haben wir nicht.	
= Wir haben ________ Wein.	keinen (59, pp. 75-76)
12. Er kommt morgen zu uns.	
= Er ________ morgen zu uns ________.	wird, kommen (104, p. 173)
13. What are the articles and plurals?	
________ Auto; die ________	das, Autos
________ Studentin; die ________	die, Studentinnen (9, pp. 10-11)
14. I know he knows me.	
Ich ________, er ________ mich.	weiß, kennt (23, p. 32)
15. *Denn* is a ________ conjunction; therefore it	coordinating,
requires verb-________ position.	second (40, p. 63)
Weil is a ________ conjunction; therefore it	subordinating,
requires verb-________ position.	last (90, pp. 138-140)
16. Guten Abend. ________ Sie vielleicht noch ein Zimmer frei?	Hätten (111, p. 184)
17. You should not eat so much.	
Du ________ nicht so viel essen.	solltest (114, p. 185)
18. English *in order to* corresponds to German ________.	um . . . zu (97, pp. 144-145)

19. a. I've been there only once (and that was all).	nur einmal (74, pp. 106-108)
b. I've been there once before (already).	schon einmal
c. I've been there only once (so far).	erst einmal
20. a. I asked here. Ich fragte ____________.	sie (63, p. 96)
b. She answered me. Sie antwortete ____________.	mir

B. What is wrong? Each of the following sentences contains a common error. You will find the correct version in the margin.

1. Er weiß, daß er zu Hause bleiben sollen hätte.	hätte zu Hause bleiben sollen
2. Du mußt nicht vergessen, ihr Blumen zu schicken.	Du darfst nicht
3. Waren Sie damals auch ein Student?	auch Student
4. Ich sollte ihn eigentlich eingeladen haben.	hätte . . . einladen sollen
5. Wir müssten gestern zu Hause bleiben.	mußten
6. Brauchst du heute nicht arbeiten?	zu arbeiten
7. Ich weiß, das er in Berlin ist.	daß
8. Er wollte nicht uns sagen, wo er gewesen war.	uns nicht
9. Wo aßet ihr gestern abend?	habt . . . gegessen?
10. Wenn er zwanzig war, wurde er Soldat.	Als
11. Erst drei Wochen später, fuhr er nach Hause.	(no comma)
12. Daß er in B. wohnt, kenne ich schon lange.	weiß
13. Meyer ist seit zwei Jahren gestorben.	vor zwei Jahren
14. Er ist nicht bis um zwölf Uhr angekommen.	erst um zwölf Uhr
15. Wann haben Sie deinen Mann kennengelernt, Frau M.?	Ihren Mann
16. Er hat noch nie zu arbeiten müssen.	nie arbeiten (no *zu*)
17. Er hat lange nicht in Gott geglaubt.	an Gott
18. Ich will nicht ohne ihr gehen.	ohne sie
19. Er hat gestern mir ein Buch geschenkt.	mir gestern ein Buch
20. Wir fahren morgen zum Hamburg.	nach Hamburg

UNIT 7

A. Grammar in a Nutshell

PREPOSITIONS

Remember:

aus, außer, bei, mit, nach, seit, von, zu (see Analysis 66, pp. 97-98) ALWAYS with DATIVE.

durch, für, gegen, ohne (see Analysis 65, p. 97) ALWAYS with ACCUSATIVE.

trotz, während, wegen (see Analysis 125, pp. 216-219) normally with GENITIVE.

See Analysis 121 (pp. 211-213)

an, auf, hinter, in, neben, über, unter, vor, zwischen with DATIVE or ACCUSATIVE.

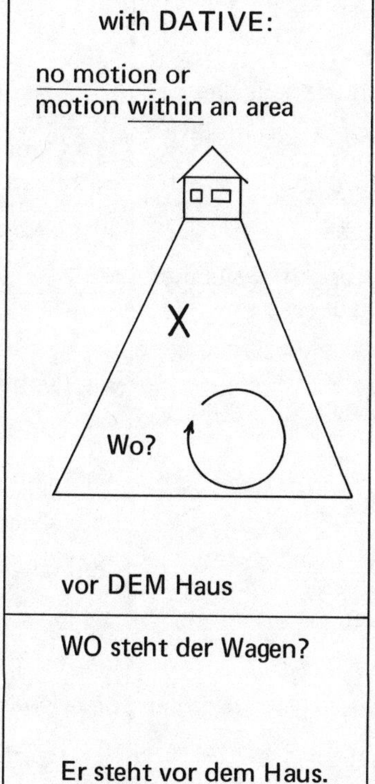

with DATIVE:
no motion or
motion within an area
X
Wo?
vor DEM Haus
WO steht der Wagen?
Er steht vor dem Haus.
Er steht DA.
DA steht er.

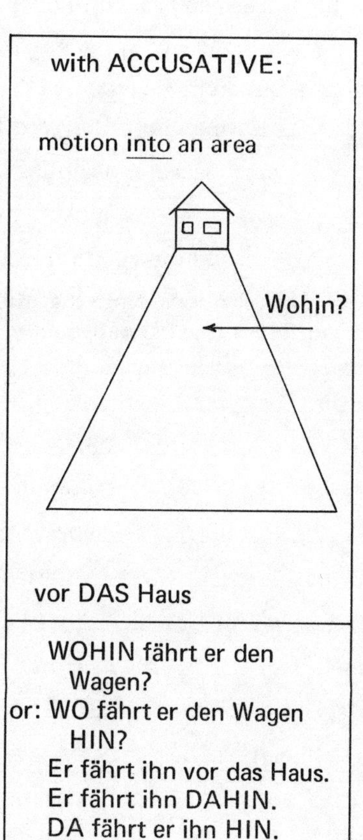

with ACCUSATIVE:
motion into an area
Wohin?
vor DAS Haus
WOHIN fährt er den Wagen?
or: WO fährt er den Wagen HIN?
Er fährt ihn vor das Haus.
Er fährt ihn DAHIN.
DA fährt er ihn HIN.

B. Programmed Exercises

1. What is the correct article?

a. Er fuhr den Wagen vor ____________ Haus.	das
b. Er hielt vor ____________ Haus.	dem
c. What question do you use for 1a?	wohin?
for 1b?	wo?

2. a. Wo hat er auf sie gewartet?	
Vor ______ Theater.	dem (dat.)
b. Wo hat er sie hingebracht?	
In ______ Theater.	das (acc.)
or: ______ Theater.	Ins (= in das)
c. How else could you phrase the question in 2b?	
______	Wohin hat er . . . ?
3. a. Vor ______ Krieg lebte er in ______ Schweiz.	dem, der
b. Wir sind über ______ Schweiz nach Italien gefahren.	die
c. What is the English equivalent of *über* in 3b?	via, by way of
4. Although there is "motion" in the English sentence	
He walked around in the garden,	
the article in the German for *in the garden* must be in the	
______ case, because the entire action takes place	dative
______ ; *in the garden* must therefore be translated	within an area
by ______, and the question would be ______?	im Garten, wo
5. Fill in articles or pronouns. Note that the prepositions come from three different groups: dative only, accusative only, and dative or accusative.	
a. Er fuhr in ______ Stadt.	die (wohin?)
b. Er kam aus ______ Schweiz.	der (always dat.)
c. Er hielt vor ______ Bahnhof.	dem (wo?)
d. Er ging durch ______ Straßen.	die (always acc.)
e. Ingrid ging mit ______. (= Hans)	ihm (always dat.)
f. Er wollte etwas für ______ kaufen.	sie (always acc.)
g. Sie kamen vor ______ Hotel.	das (wohin?)
h. Sein Wagen stand hinter ______ Hotel.	dem (wo?)
i. Ingrid hatte auf ______ gewartet.	ihn (warten + acc.)
j. Sie wartete auf ______ Bahnhof.	dem (wo?)
k. Sie hatte ihn seit ______ Krieg nicht gesehen.	dem (always dat.)

A. Grammar in a Nutshell

See Analysis 124-125 (pp. 214-219)

THE GENITIVE CASE

Forms:

	interrog. pronouns		*der*-words				*ein*-words				see Analysis
Nom.	wer	was	der	die	das	die	ein	eine	ein	keine	24, 26 (pp. 33, 34-36)
Gen.	WESSEN	___	DES	DER	DES	DER	EINES	EINER	EINES	KEINER	124, 125 (pp. 214-219)
Dat.	wem	was	dem	der	dem	den	einem	einer	einem	keinen	61 (pp. 93-95)
Acc.	wen	was	den	die	das	die	einen	eine	ein	keine	24, 26 (pp. 33, 34-36)
			masc.	fem.	neut.	pl.	masc.	fem.	neut.	pl.	

Uses:

1. With prepositions:

   WÄHREND des Krieges
   WEGEN des Regens (also: wegen dem Regen)
   TROTZ des Regens (also: trotz dem Regen)

2. In time phrases:

   eines Tages, eines Morgens, eines Abends, eines Nachts

Note: *Eines Tages (Morgens, Abends, Nachts)* refers both to a past day (like English *one day*) and to a future day (like English *some day*).

3. The attributive genitive:

   a. Precedes if PROPER NAME:

   WERNERS Freundin
   INGES Mutter

   b. Follows if COMMON NOUN:

   das Haus MEINES VATERS
   am Abend IHRES GEBURTSTAGES

Remember:

1. *von* + dative often replaces the genitive:

   Werners Freundin → die Freundin von Werner
   die Tochter dieser Leute → die Tochter von diesen Leuten

2. Double genitive:

   one of my brother's friends
   einer der Freunde meines Bruders
   einer von den Freunden meines Bruders

3. English phrases with *of* plus noun usually have to be expressed in the genitive in German.

   the end of the year
   das Ende des Jahres

B. Programmed Exercises

1. The prepositions that take the genitive are ______.	während, wegen, trotz
2. The prepositions that MUST take the dative are ______.	aus, außer, bei, mit, nach, seit, von, zu

3. The prepositions that MUST take the accusative are ______________.	durch, für, gegen, ohne
4. a. Während ________ Sommers war er in den Alpen.	des
b. Während ________ Woche bin ich nie zu Hause.	der
c. Trotz ________ Regens haben wir gearbeitet.	des
d. Er blieb nur wegen (sein) Freundin in Berlin.	seiner
5. Because *trotz* is often also used with the ________ case, especially in colloquial German, the first three words	dative
of 4c could also be ________.	Trotz dem Regen
6. Express the underlined words in German:	
a. Some day I'll speak German fluently.	Eines Tages
b. One night there was a terrible storm.	Eines Nachts
c. The German for *one night* is irregular by ________ with such forms as *eines Morgens* and *eines Abends.*	analogy (see Analysis 125, p. 217)
7. a. Both *the girl's father* and *the title of the novel* can be	
expressed in German in the ________ case. Since both *girl* and *novel* are common nouns (and not proper	genitive
names), the genitives must ________ the nouns they modify (*father* and *title*). Thus:	follow
the girl's father = German: ________	der Vater des Mädchens
the title of the novel = German: ________	der Titel des Romans
b. If *the girl* is replaced by a proper name, e.g., by *Susi,* the	
genitive must ________ the noun it modifies (*father*). Thus:	precede
Susi's father = German: ________	Susis Vater
8. Try again: (watch apostrophes in English; NO apostrophes in German)	
a. my friend's book = ________	das Buch meines Freundes
b. my friends' books = ________	die Bücher meiner Freunde
c. my friend's books = ________	die Bücher meines Freundes
d. my friends' book = ________	das Buch meiner Freunde
e. Meyer's book = ________	Meyers Buch
f. Mr. Meyer's book = ________	Herrn Meyers Buch
g. Mrs. Meyer's book = ________	Frau Meyers Buch

A. Grammar in a Nutshell

EIN-**WORDS WITHOUT NOUNS**

See Analysis 126 (p. 219)

(See Patterns [6], pp. 202-203, and Exercise F, pp. 223-224)

If not followed by a noun, *ein*-words have the same ending as *der*-words, that is, the three forms of *ein* that you have learned to use without an ending, now must be used with an ending.

	masc.	fem.	neut.	plural
Nom.	meiner	meine	mein(e)s	
Gen.	meines	meiner	meines	no
Dat.	meinem	meiner	meinem	change
Acc.	meinen	meine	mein(e)s	

nom. masc.: Hier ist ein Wagen, und dort ist auch EINER.
nom. neut.: Das ist mein Buch. Wo ist denn DEINS?
acc. neut.: Ich habe kein Buch. Hast du EINS?

B. Programmed Exercises

Supply the proper *ein*-words.

1. Ich gehe mit zwei Freunden ins Kino; ____________ von ihnen ist schon hier. — einer
2. Ist das ____________ von Ingelheims Büchern? — eins
3. Ja, es ist ____________ seiner Kriegsromane. — einer
4. Von seinen Detektivromanen habe ich noch ____________ gelesen. — keinen
5. Ist *Das Ende bei Karthago* auch ____________ Buch von ihm? — ein
6. Ja, das ist auch ____________ von seinen Büchern. — eins

A. Grammar in a Nutshell

See Analysis 127-128 (pp. 219-220)

INDIRECT-DISCOURSE SUBJUNCTIVE (See table on p. 41 of the Study Guide)

Forms:

1. Most frequently used: sein:
   ich SEI
   er SEI
   wir SEIEN
   sie SEIEN

2. All other verbs: only *ich* and *er, sie, es* forms.

   Infinitive stem plus *-e:*
   haben: ich, er HABE
   arbeiten: ich, er ARBEITE
   nehmen: ich, er NEHME
   können: ich, er KÖNNE
   wollen: ich, er WOLLE

Uses:

Rule of thumb: The indirect-discourse subjunctive is INTERCHANGEABLE with the normal subjunctive (see Unit 6) EXCEPT when there is ambiguity, that is, when the forms are not clearly recognizable as subjunctive forms.

Er sagte, er {HÄTTE / HABE} mein Buch vergessen.

Er sagte, ich {HÄTTE / ~~habe~~} sein Buch vergessen.

Sie sagten, sie {MÜßTEN / ~~müssen~~} nach Berlin fahren.

Use *SOLLEN* for indirect-discourse IMPERATIVES.

Er sagte: "Gehen Sie nach Hause."

Er sagte, ich {SOLLTE / SOLLE} nach Hause gehen.

Note that English uses the same pattern:

He said, "Go home."

He said that I should go home. (= He told me to go home.)

B. Programmed Exercises

1. Forms like *habe, liebe, arbeite* are unmistakably subjunctive if the subject is in the ________ person, but they are ambiguous if their subject is the personal pronoun ______.	third ich
2. The normal subjunctive and the indirect-discourse subjunctive are normally ____________, but the normal subjunctive must be used if the indirect-discourse subjunctive form could also be ____________.	interchangeable indicative
3. Supply both subjunctive forms where possible:	
a. sein: Er sagte, er ____________ in Berlin.	sei, wäre
b. haben: Er sagte, er ____________ Meyer gesehen.	habe, hätte
c. haben: Er sagte, Meyers ____________ ihn eingeladen.	____, hätten
d. gehen: Sie sagten, sie ____________ ins Kino.	____, gingen
e. müssen: Er sagte, er ____________ nach Berlin fahren.	müsse, müßte
4. Indirect imperative.	
a. Er sagte: ,,Gehen Sie nach Hause."	
Er sagte, ich ____________ nach Hause gehen.	solle, sollte
b. Er sagte zu uns: ,,Kommen Sie morgen."	
Er sagte, wir ____________ morgen kommen.	____, sollten

Reading. Do not attempt this exercise until after you have read „Eine unmögliche Geschichte."

The following paragraph is taken from the text, unchanged, but with a number of words left out. Try to reconstruct the text before you check the correct completions in the margin. (Text on p. 207)

Erich, __________ mich jahrelang immer nur in Uniform	der
gesehen hatte, erkannte __________ nicht. Er sah nur	mich
einen Mann mit __________ Kamera—und war auf einmal	einer
__________. Verschwunden, sage ich: er ging nicht	verschwunden
__________ die Ecke, er ging nicht __________ Haus	um, ins
zurück, er war plötzlich einfach __________ mehr da.	nicht
„Diese Sonne", dachte ich, „die macht __________ noch	einen
ganz verrückt." Dann __________ ich ins Haus. Ali saß	ging
__________ Garten. Er war jetzt über achtzig. Er	im
__________ mir, daß seine Frau __________ nach	erzählte, kurz
dem Ende __________ Krieges __________ sei und	des, gestorben
daß mein __________ Erich ihn jedes __________	Freund, Jahr
einmal besucht __________.	hätte

To help you develop a technique for this kind of exercise, copy some other paragraphs and leave out some words at random. Then read your copy and resupply the left-out words.

UNIT 8

A. Grammar in a Nutshell

RELATIVE PRONOUNS

See Analysis 130 (pp. 242-243)

German has DEFINITE and INDEFINITE RELATIVE PRONOUNS.

The definite relative pronoun has the same forms as the definite article: *der, die, das,* but note the genitives

DESSEN DEREN DESSEN DEREN

and the dative plural DENEN

Agreement:

antecedent determines gender and number ⟷ function in relative clause determines case

Von einem Mann, [der] Ingelheim heißt, weiß ich nichts.

→ masc. sing.

subject = nominative ←

The indefinite relative pronouns are *wer* and *was.*

Uses:

1. No antecedent:

   WER Geld hat, hat auch Freunde.

2. Antecedent is an entire clause:

   Er hat mich eingeladen, WAS ich sehr nett finde.

3. With *alles, nichts, etwas:*

   Alles, WAS er sagt, ist Unsinn.

B. Programmed Exercises

1. Der Mann, den Erika gesehen hat, ist Meyer.
   The form *den* shows that the relative pronoun agrees in gender and number with its ________, but it is in the accusative because it is the ________ of the relative clause.

   antecedent (*der Mann*), direct object

2. Die Frau, (rel. pron.) das Buch gehört, ist nicht mehr hier.
   The relative pronoun must be ________, because the verb *gehören* governs the ________ case.

   der
   dative

3. Ich habe nichts gesehen, (rel. pron.) dir gehört.
   a. The relative pronoun must be ________, because its antecedent is ________.

   was
   nichts

   b. After *nichts* and *etwas,* you must use one of the ________ relative pronouns.

   indefinite

4. Supply the correct relative pronouns in the incomplete sentences below.

   gender and number → ← case

Der Mann,	________	ich gesehen habe,	den: masc. sing. direct obj. (acc.)
Die Stadt,	in ________	er wohnt,	der: fem. sing. dative (wo?)
Ein Mädchen,	________	er kennenlernte,	das: neut. sing. direct obj.
Mit einem Wagen,	________	ihm nicht gehört,	der: gender? number? function?
Die zwei Männer,	________	er das Buch gab,	denen: number? function?

In the last incomplete sentence above, the gender of the antecedent is unimportant because ________.

in the plural, all three genders have the same form

A. Grammar in a Nutshell

See Analysis 131 (pp. 244-245)

WANN, OB, ALS, WENN

1. *wann:* Interrogative, meaning AT WHAT TIME?

   Direct question: WANN kommst du?
   Indirect question: Er will wissen, WANN ich komme.

2. *ob:* Corresponds to English IF = WHETHER

   Indirect yes-or-no questions:

   Kommst du?
   Er will wissen, OB ich komme.

3. *als:*

   a. Corresponds to English WHEN, but only if it refers to ONE SINGLE EVENT IN THE PAST TIME: = AT THE TIME WHEN.

   ALS ich um 5 Uhr nach Hause kam, war sie schon da.

   b. Short form of ALS OB (ALS WENN):

   Er tat, ALS schliefe er (als ob er schliefe).

4. *wenn:*

   a. Corresponds to English IF (but not WHETHER) in conditional clauses:

   WENN er käme, wäre ich glücklich.

   b. Means AT THE TIME WHEN in present or future (see 3a above):

   WENN er kommt, gehen wir sofort zu Meyers.

   c. Corresponds to English WHENEVER:

   WENN er kam, gingen wir immer ins Kino.

   or: Jedesmal WENN er kam, gingen wir ins Kino.

   Technical term: Iterative (= repeated) action

B. Programmed Exercises

1. Wenn er nach Hause kommt, gebe ich ihm den Brief sofort.
   If this sentence is put in the past tense, *wenn* must be replaced by *als* because ______________.

   there is only a single event

2. Wenn ich nach Wien komme, gehe ich immer ins Theater.
   This time, *wenn* cannot be replaced by *als* in the past tense because ______________.

   immer indicates that this is a repeated action

3. He wants to know if I'll come.
   Er will wissen, ~~wenn~~ ich komme.

   a. *Wenn* is wrong in this sentence, because ______________.

   if corresponds to *whether,* therefore *ob* must be used

b. You may also have wanted to translate "when (= at what time) I'll come." *Wenn* is still wrong; it should be ______.	wann
c. In 3b, the dependent clause is an ______	indirect
question; *when,* therefore, is ______.	interrogative
4. Fill in the blanks with *wann, ob, als,* or *wenn.*	
a. ______ ich kann, komme ich.	Wenn
b. ______ Klaus anrief, schlief Rosemarie noch.	Als
c. Sie tat, ______ schliefe sie noch.	als
d. Es wäre schön, ______ du hier wärst.	wenn
e. Weißt du, ______ er schon hier ist?	ob
f. ______ soll er denn kommen?	Wann
g. Ich bin immer glücklich, ______ du hier bist.	wenn
5. Now give the English equivalent and the reason for the use of *wann, ob, als,* or *wenn.*	
a. Wenn es morgen regnet, komme ich nicht.	if: open condition
b. Als es anfing zu regnen, gingen wir ins Haus.	when = at the time when: single event in the past
c. Ich weiß nicht, ob ich kommen kann.	if (whether): indirect question
d. Ich wäre froh, wenn du hier wärst.	if: irreal condition
e. Sie sieht immer aus, als wäre sie krank.	as if: (with subj.) (= als ob sie krank wäre)
f. Hat er dir gesagt, wann er kommt?	when: indir. question (at what time)
g. Wenn er mich besuchte, war ich immer glücklich.	when = whenever

A. Grammar in a Nutshell

See Analysis 133-138 (pp. 246-249)

DA-**COMPOUNDS,** *WO*-**COMPOUNDS**

PREPOSITION plus PERSON = preposition plus personal pronoun

mit Karl ⟶ mit ihm

mit meinem Vater ⟶ mit ihm

PREPOSITION plus THING(S) = *da*-compound

mit meinem Wagen ⟶ damit
mit meiner Uhr ⟶ damit
mit zwei Büchern ⟶ damit

Remember:

1. With UNSTRESSED nouns and pronouns, *da*-compounds MUST be used.

2. With STRESSED nouns and pronouns, you have a choice:

a. mit dem' Buch
b. mit dem Buch' } either da'mit or mit dem'

Unlike *da*-compounds, *wo*-compounds are optional.

AN WAS denkst du?
WORAN denkst du?

See Analysis 123 (p. 214)

Note: Directives are replaced by DAHIN or DAHER.

Fährst du nach Hamburg? Dahin fahre ich auch.

Du kommst vom Rhein? Daher komme ich auch.

B. Programmed Exercises

1. Replace the underlined elements by either a *da*-compound or a preposition plus personal pronoun.	
a. Das Geld war nicht in dem Loch in der Wand.	darin
b. In die Schweiz fahren wir dieses Jahr nicht.	Dahin
c. Wir kommen gerade von der Mosel.	daher
d. Ich bin kein Freund von Moselwein.	davon
e. Gerhard ist ein Freund von Herrn Kögel.	von ihm
f. Der Wagen stand direkt vor dem Hotel.	davor
g. Was hast du denn mit meiner Uhr gemacht?	damit
h. Georg war gestern mit meiner Schwester im Kino.	mit ihr
i. Ich fahre in einer Stunde zum Bahnhof.	dahin
j. Der Schlüssel gehört zu meinem Volkswagen.	dazu
2. In 1b *dahin* rather than *darin* must be used because *in die Schweiz* is a ______.	directive
3. *Dahin* is used if the motion is ______ the speaker, and *daher* is used if the motion is ______ the speaker.	away from toward
4. *Dar-* rather than *da-* must be used if the preposition begins with a ______.	vowel

A. Grammar in a Nutshell

PREPOSITIONAL OBJECTS

While you are studying prepositional objects, review objects in the DATIVE (see Analysis 62-64, pp. 95-97) and in the ACCUSATIVE (see Analysis 24-26, pp. 33-36).

See Analysis 139-141 (pp. 249-253)

It is MOST IMPORTANT that you memorize the list of verbs with prepositional objects on p. 251, because English usually does not use the same preposition. As additional verbs are introduced in later units, be sure to memorize them WITH THEIR PREPOSITIONS.

Remember: Prepositional objects with *an, auf, über* are in the ACCUSATIVE:

Ich denke AN DICH.
Er wartet AUF MICH.
Sie lacht ÜBER IHN.

Note the difference:

Ich warte auf der Post. (I'll be waiting at the post office.)	(Wo?)
Ich warte auf die Post. (I am waiting for the mail.)	(auf was? worauf?)
Ich fahre an den Bodensee.	(Wohin?)
Ich wohne am Bodensee.	(Wo?)
Ich denke an den Bodensee.	(an was? woran?)
Ich denke an den Vater.	(an wen?)

Prepositional objects are always SECOND PRONG.

Ich [warte] heute abend		[auf Julia.]	
		[auf sie.]	
	nicht		
Ich [habe] meinem Freund		[für die Blumen]	[gedankt.]
		[dafür]	[gedankt.]

Expansion into dependent clauses or infinitive phrases:

(Anticipatory *da*-compounds)

Ich danke dir FÜR deine Hilfe.

⟶ Ich danke dir DAFÜR, daß du mir geholfen hast.

Ich hoffe AUF ein Wiedersehen mit ihr.

⟶ Ich hoffe DARAUF, sie wiederzusehen.

B. Programmed Exercises

1. After you have memorized the verb list on p. 251, do the following exercise by supplying the correct prepositions.

a. Warum hast du Angst __________ ihm?	vor
b. Hat er dich __________ einem Glas Wein eingeladen?	zu
c. Heinrich Meyer versteht nichts __________ Psychologie.	von
d. Ich halte Meyer __________ einen Dummkopf.	für
e. Warum hältst du nichts __________ Meyer?	von

f. Der Schlüssel gehört ______ meinem VW.	zu
g. ______ seinen Brief habe ich nicht geantwortet.	Auf
h. Ich habe lange nichts ______ ihm gehört.	von
i. Darf ich Sie ______ etwas bitten?	um
j. Wie hat er ______ deinen Brief reagiert?	auf
2. Now supply the correct article. Remember that the *an-auf-über* group takes the accusative.	
a. Hast du ihm für ______ Blumen gedankt?	die (acc. pl.)
b. Hast du an ______ Bier gedacht?	das (neut. acc. sing.)
c. Über ______ Brief muß ich noch nachdenken.	den (masc. acc. sing.)
d. Fragen Sie ihn doch nach ______ Geld.	dem (neut. dat. sing.)
e. Herr Meyer glaubt an ______ Fortschritt.	den (masc. acc. sing.)
f. Er lachte immer über ______ Professoren.	die (acc. pl.)
g. Wir sprachen von ______ Romanen von Ingelheim.	den (dat. pl.)
h. Wir haben lange auf ______ Brief gewartet.	den (masc. acc. sing.)

Reading. Do not attempt this exercise until after you have read ,,Eine unmögliche Geschichte.''

The following paragraph is taken from the text, unchanged, but with a number of words left out. Try to reconstruct the text before you check the correct completions in the margin. (Text on p. 239)

,,Herr Direktor, Ihrem Sekretär muß irgendetwas passiert	
______. Er ist heute noch gar ______	sein, nicht
weggewesen. Seit ______ Frühstück sitzt er auf	dem
seinem Zimmer. Vor ______ paar Minuten habe ich	ein
an seine ______ geklopft, um ihn ______ fragen, ob er nicht etwas essen wollte. Während ich klopfte,	Tür, zu
hörte ich einen lauten ______, und dann war es	Schrei
still ______ Zimmer. Ich habe die ______ schon angerufen, aber es wäre vielleicht gut, wenn Sie auch	im, Polizei
______. Er ist doch ein Freund ______	kämen, von
Ihnen.'' ,,Ich komme sofort, Frau Meyer'', ______	sagte
Hermann und legte auf. Dann sagte er ______ mir:	zu
,,Hans, das ______ zum Verrücktwerden. Du mußt	ist
sofort ______ Gerda fahren. Die zwei Frauen dürfen	zu
______ abend nicht allein in ihrer Wohnung sein. Du	heute
kannst meinen ______ nehmen, und ______	Wagen, ich

fahre mit einer Taxe zu Erichs Wohnung. Ich sehe dich dann	
später ______________ Gerda. Sie soll ______________ erzählen,	bei, dir
was dort passiert ______________."	ist

UNIT 9

A. Grammar in a Nutshell

INFINITIVES

See Analysis 145 (p. 281)

Present infinitive		Past infinitive		
(zu) wohnen	to live	gewohnt	(zu) haben	to have lived
(zu) gehen	to go	gegangen	(zu) sein	to have gone
(zu) können	(to be able)	gekonnt	(zu) haben	(to have been able)
(zu) haben	to have	gehabt	(zu) haben	to have had
(zu) sein	to be	gewesen	(zu) sein	to have been

TIME RELATIONSHIPS

See Analysis 145 (p. 281)

1. Present and past infinitives.

There are two possible relationships between the time of the finite verb (first prong) and the time of the infinitive:

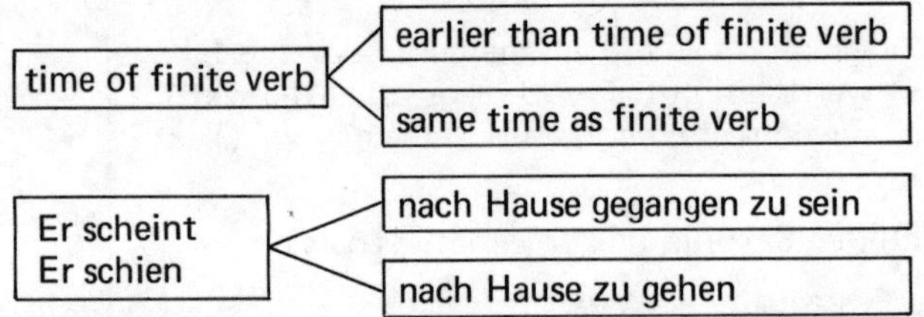

The time of the introductory verb is immaterial; what determines the type of infinitive is only its time relationship to the time of the introductory verb. The same is true with indirect discourse, except that in indirect discourse there is also the possibility of a later time in the indirect-discourse clause.

See Analysis 117 (pp. 186-188)

2. Indirect discourse.

events related take place:

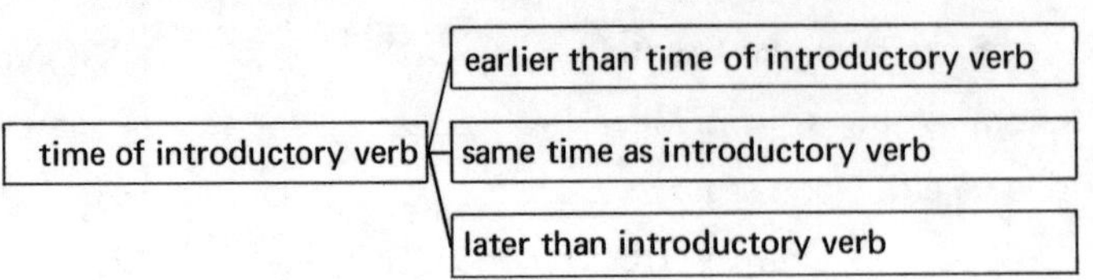

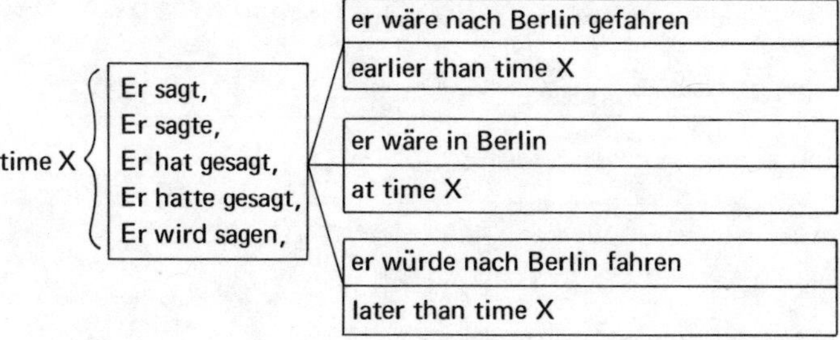

3. Modals.

See Analysis 146 (pp. 281-288)

When modals are used with either present or past infinitives, the same kind of time relationships must be observed. Complication: Because *mußte* (past tense) is usually used instead of *hat . . . müssen* (perfect), the form *mußte* appears in two different functions in the table below. (See above, pp. 28-29 of the Study Guide.)

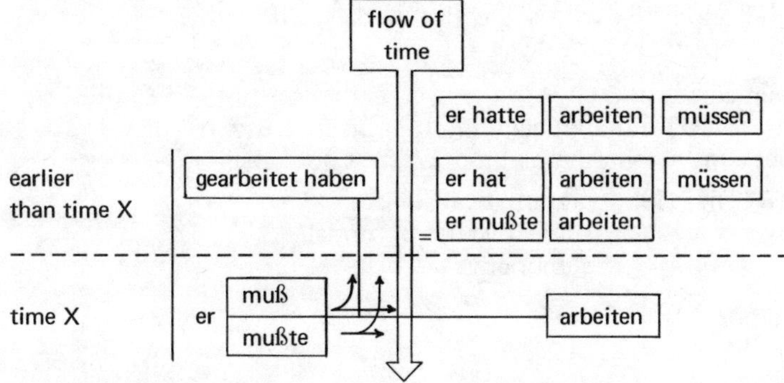

OBJECTIVE AND SUBJECTIVE USE OF MODALS

Review all analysis sections dealing with modals: Analysis 52-57, 69, 85, 112, pp. 70-74, 101-102, 136, 184-185.

1. Objective use: Only the grammatical subject is affected by the modal. The speaker's attitudes are not involved.

MEYER ⟷ MUß ARBEITEN. MEYER ⟷ HAT ARBEITEN MÜSSEN.

See Analysis 146 (pp. 281-288)

2. Subjective use: Some sort of assumption is made about the grammatical subject, usually by the speaker, which, objectively, is not necessarily true.
Speaker and subject may, of course, be identical:

Ich muß geschlafen haben.
= I assume that I have slept.

assumption: MEYER ___ VIEL GELD HABEN

Speaker (Herr Schmidt) assumes: MUß

The same situation can be expressed without using a modal:

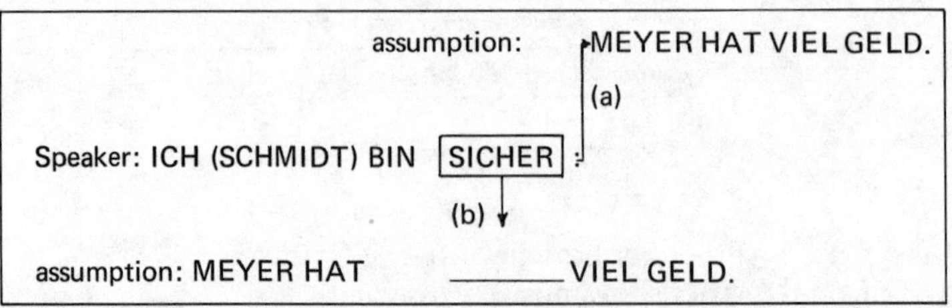

The last diagram shows: If a modal is used subjectively, it can be replaced by an introductory statement or by a sentence adverb.

Use of tenses:
Only PRESENT and PAST with subjective modals, with either present or past dependent infinitives.

Use of subjunctive:
Subjunctive does NOT automatically imply subjective use. It usually implies a more tentative assumption, but not irreality.

DO NOT CONFUSE: grammatical subject
subjective use of modal
subjunctive

Compare:

1. Er {muß / kann / mag} schon zu Hause sein.

= Present assumption about present possibility

2. Er {müßte / könnte / dürfte} schon zu Hause sein.

= Present, but more tentative, assumption about present possibility

3. Er {muß / müßte / kann / könnte / mag / dürfte} schon zu Hause gewesen sein.

= Present assumption about past possibility

Remember:

1. Möchte cannot be used in the same way:

   Er möchte zu Hause sein.
   = He would like to be at home. (objective)

2. Wollen, used subjectively, implies a claim:

   Er will General sein (General gewesen sein).
   = He claims to be (to have been) a general.

3. Sollen, used subjectively, implies hearsay:

   Er soll wieder in Berlin sein.
   = I hear that he is in Berlin again.

4. Scheinen behaves like a subjective modal: only present and past may be used:

   Er {scheint / schien} in Berlin {zu sein. / gewesen zu sein.}

B. Programmed Exercises

1. There are two types of infinitives:	
______ and ______.	present, past
2. Supply infinitives of *arbeiten* as indicated. Observe presence or absence of *zu.*	
a. Er scheint ______. (pres.)	zu arbeiten
b. Er muß ______. (pres.)	arbeiten
c. Er wollte ______. (pres.)	arbeiten
d. Er muß ______. (past)	gearbeitet haben
e. Er scheint ______. (past)	gearbeitet zu haben
f. Er schien ______. (past)	gearbeitet zu haben
g. Er soll ______. (pres.)	arbeiten
h. Er hat ______ müssen. (pres.)	arbeiten
3. Er schien zu schlafen.	
The use of past tense with present infinitive implies that	
the sleeping took place ______ as the time of *schien.*	at the same time
4. Modals can be used in two ways, ______ or	subjectively
______.	objectively
5. If used objectively, only the ______ of the	subject
sentence is affected; if used subjectively, the modal	
expresses an ______ on the part of the ______.	assumption, speaker

6. With the subjunctive, subjective modals express a more ____________ assumption of the speaker's part.	tentative
7. Subjective or objective? Er müßte eigentlich schon hier sein.	subjective
8. Er will Arzt sein und in Wien studiert haben. He ____________ to be a doctor and ____________ in Vienna.	claims, to have studied
9. Meyer soll schon wieder in Italien gewesen sein. Subjective or objective?	subjective
The sentence expresses ____________.	hearsay
10. Der Arzt sagt, ich soll jeden Tag schwimmen. Subjective or objective?	objective
11. a. The indicative of *ich möchte* is *ich* ____________.	mag
b. Ich habe ihn nie gemocht. I never ____________ him.	liked
c. He was perhaps 20 years old. Er ____________ 20 Jahre alt sein.	mochte
12. Subjective: Er kann schon zu Hause sein. It is ____________ that he is already at home.	possible
What is the change in the meaning if *kann* is replaced by *könnte?*	more tentative
13. With subjective modals, the subjunctive does not imply ____________.	irreality
14. a. Meyer hätte fliehen können. Past subjunctive plus present infinitive implies Meyer's ____________ ability to do something in the ____________.	past, past
b. Meyer könnte geflohen sein. Present subjunctive plus past infinitive implies a ____________ possibility that Meyer escaped in the	present
____________.	past
15. Subjective or objective? (S or O)	
a. Er sagte, er müßte heute arbeiten.	O: indirect discourse
b. Wenn sie in England gelebt hat, müßte sie doch Englisch können.	S: qualified assumption
c. Was? Er will gestern abend hier gewesen sein?	S: claim
d. Er will schon wieder nach Italien fahren.	O: intention
e. Hans sollte um acht Uhr kommen, aber er kam erst um neun.	O: plan of operation

f. Ich sollte eigentlich schon gestern nach B. fahren.	O: plan of operation
g. Maria sollte damals auch dort gewesen sein, aber das habe ich nie geglaubt.	S: hearsay
h. Er kann gut fahren;	O: ability
er könnte also schon in Bonn sein.	S: possibility
i. Ingelheim mochte damals nicht gesund gewesen sein.	S: inference
j. Er mochte keinen Wein mehr.	O: dislike
k. Ich hätte natürlich auch zu Hause bleiben können.	O: ability
l. Er könnte das Geld auch gestohlen haben.	S: possibility
m. Er durfte sie nach Hause bringen.	O: permission
n. Er dürfte sie nach Hause gebracht haben.	S: possibility

16. Supply the correct forms of *wollen* and the correct infinitive.

a. Er behauptet, General zu sein.	
Er ____________ General ____________.	will, sein
b. Er behauptete, General gewesen zu sein.	
Er ____________ General ____________.	wollte, gewesen sein
c. Er behauptet, General gewesen zu sein.	
Er ____________ General ____________.	will, gewesen sein
d. Er behauptete, General zu sein.	
Er ____________ General ____________.	wollte, sein

A. Grammar in a Nutshell

SENTENCE ADVERBS

Review Analysis 19, 38, 39, 115, 149, 150, pp. 18-19, 43-45, 186, 291.

Like subjective modals, sentence adverbs express an attitude or assumption on the part of the speaker.

Ich bin sicher, daß er zu Hause ist. ⟶ Er ist sicher zu Hause.

Ich glaube bestimmt, daß er schon hier ist. ⟶ Er ist bestimmt schon hier.

Ich hoffe, er ist wieder da. ⟶ Er ist hoffentlich wieder da.

Position:

Three possible positions: (a) front field, (b) inner field, or (c) end field, but most sentence adverbs appear only in (a) or (b).

Leider ist er krank.
Er ist leider krank.
Er ist krank—leider. (afterthought)

INNER FIELD ONLY: *denn, ja, doch,* and *doch nur* followed by a subjunctive. When used in front field, *denn* is not a sentence adverb.

In the inner field, sentence adverbs stand between items of news value and items of no news value.

The following words, introduced through Unit 9, can be used as sentence adverbs.

denn	sicher	eigentlich	hoffentlich
ja	bestimmt	übrigens	wahrscheinlich
doch	wirklich	natürlich	gottseidank
doch nur	wenigstens	leider	glücklicherweise

The difference between *doch nur* and *nur:*

German *doch nur* can only be followed by a subjunctive in an irreal condition.

1. Wenn wir doch nur unser Haus nicht verloren hätten.
   If only we had not lost our house.
   (Implication: But we did lose it.)

German *nur* without a preceding *doch* can be followed by either an indicative or a subjunctive. If followed by an indicative, the *wenn*-clause is an open condition.

2. Wenn wir nur unser Haus nicht verloren haben! (indicative)
   If only we have not lost our house!
   (Implication: Maybe we have not lost it.)
3. Wenn wir nur unser Haus nicht verloren hätten. (subjunctive)
   (Same meaning as 1.)

B. Programmed Exercises

Add a fitting sentence adverb:

1. I'm quite certain that he is in Berlin.

   Er ist ____________ in Berlin. — sicher

2. He had the good fortune of not being a soldier.

   Er war ____________ nicht Soldat. — glücklicherweise

3. Incidentally, do you know that Karl is here?

   Weißt du ____________, daß Karl hier ist? — übrigens

4. If only I didn't have to visit Tante Amalie.

   Wenn ich ____________ Tante Amalie nicht besuchen müßte. — doch nur

5. You are coming tomorrow, aren't you?

   Sie kommen ____________ morgen, nicht wahr? — doch

6. It's too bad, but I won't be able to come.

   Ich kann ____________ nicht kommen. — leider

7. I really ought to go home, but . . .
   Ich müßte __________ nach Hause, aber . . . — eigentlich
8. He's gone to Berlin, you know.
   Der ist __________ nach Berlin gefahren. — doch
9. Are you working today? (I'm surprised.)
   Arbeiten Sie __________ heute? — denn
10. You're staying in Cologne, I hope.
   Du bleibst __________ in Köln. — hoffentlich
11. Is it true that he is staying here?
   Bleibt er __________ hier? — wirklich
12. I am sure he has a friend in Cologne.
   Er hat __________ eine Freundin in Köln. — bestimmt

UNIT 10

A. Grammar in a Nutshell

ADJECTIVES

See Analysis 153 (pp. 316-320)

Two sets of ENDINGS: 1. STRONG (or PRIMARY)
2. WEAK (or SECONDARY)

Strong endings = endings of *der, die, das.* (See tables on p. 317)

See Analysis 155, 156, 157 (pp. 321-323)

der-words: ALWAYS STRONG ENDINGS:

der dieser, jeder, welcher, mancher

aller, solcher } often used without endings (see Analysis 156, 157)

Weak endings: only two: *-e* and *-en*

For the distribution of these endings, see the table on p. 317

Except for the "*der*-words" (which always take strong endings), ALL ADJECTIVES MAY TAKE EITHER STRONG OR WEAK ENDINGS, depending on the following principle:

GENERAL PRINCIPLE:

|| There MUST be a strong ending in the first POSSIBLE place in any adjectival phrase. ||

(If the only "adjective" is an endingless form like *ein, viel, all, so ein,* this principle obviously does not hold.)

Study carefully the examples on p. 319 and the three rules on which they are based (p. 318). The following table is a continuation of the table on p. 319; it summarizes the major features of the German adjective declension.

see Analysis		slot 0 no ending	slot 1 STRONG ENDING	slot 2 weak ending	slot 3 noun
26 (pp. 34-36)		ein			Mann
	endingless adjectival only: slots 1 and 2 empty				
157 (pp. 322-323)		all	der		Wein
	endingless adj. + *der*-word: *der*-word in slot 1; slot 2 empty				
157 (pp. 322-323)	mit	all	dem	guten	Wein
	endingless adj. + *der*-word + adjective: weak adjective in slot 2				
153 (pp. 316-319)			guter		Wein
	attributive adj. only: in slot 1 with strong ending				
155 (p. 321)			jeder		Mensch
	der-word only: always slot 1				
153, 155 (pp. 316-319, 321)			jedem	jungen	Menschen
	der-word + adj.: *der*-word (strong) in slot 1, adj. (weak) in slot 2				
157 (pp. 322-323)			alle meine		Brüder
	two *der*-words: both in slot 1				
153 (p. 318)		ein	der netter junger	nette junge	Mann
	two or more adjectives: same slot (either 2 or 1)				
158 (pp. 323-324)		ein	der armer Reicher	arme Reiche	(poor rich man)
	adjectives used as nouns: treated like adjectives				
159 (pp. 324-325)		ein	die zerstörtes	zerstörte	Stadt Städtchen
	participles can be used as attributive adjectives				
160 (p. 325)		ein	das lachendes	lachende	Kind
	-d adjectives (present participles) are used as attributive adj.				
153 (p. 318)			diese diesen	junge jungen	Frau Mann
	-e and *-en* can appear in slot 1 (strong) or slot 2 (weak)				
161 (p.326)			der dem	selbe selben	Mann Mann
	derselbe: declined as *der + selbe,* but written as one word (But: *im selben*)				
162 (p. 326)	mit	(was für)	einem	alten	Wagen
	dative after *mit; was für* has no influence on case of adj. phrase				
165 (pp. 328-329)		(ein paar)	junge die (paar)	jungen	Leute
	after definite article, *ein paar* becomes *paar*				

Remember: In all the above examples, the first requirement is that slot 1 is filled by a word with a strong ending.

MASTERING ADJECTIVES: While it is easy to comprehend the German adjective system intellectually, it will take a long time to master these forms so thoroughly that you can produce them automatically. The only way to get there is through constant use. Drill all patterns and exercises of Unit 10 repeatedly and thoroughly. Memorize as many sentences as possible, so that you can produce others by analogy.

B. Programmed Exercises

1. Das Buch soll sehr gut sein. The word *gut* is a ________ ________.	predicate adjective
2. Ingelheim schreibt sehr gut. Now, the word *gut* is an ________.	adverb
3. In German, adverbs and predicate adjectives usually have the same ________, whereas most English adjectives need to add the ending ______ in order to become adverbs.	form -ly
4. If an adjective appears in front of a noun, it is called an ________ adjective and must take an ________.	attributive, ending
5. German adjectives can have two types of endings, primary or ________ and secondary or ________ endings.	strong, weak
6. The strong endings are the endings of the _____-words; thus, for example, the dative masculine singular ending must be _____, and the genitive plural ending must be _____.	der -em -er
7. Which of the following are stems of *der*-words? *viel-, manch-, ander-, dies-, jed-, einig-.*	manch-, dies-, jed-
8. Which two *der*-words are often used without an ending?	all-, solch-
9. *Ein*-words have the same endings as *der*-words, except in 3 forms: (1) ________, (2) ________, (3) ________. In these 3 forms, the *ein*-words have ______ ending.	nom. masc.; nom. neut.; acc. neut. no
10. There are only two weak endings, ________ and ________.	-e -en
11. Nominative and accusative forms are always alike, except in the ________ ________.	masc. sing.

12. If an attributive adjective follows a *der*-word, its ending is always (strong? weak?).	weak
13. a. The young man is my brother.	
Der ____________ Mann ist ____________ Bruder.	junge, mein
b. Which young man?	
____________ ____________ Mann?	Welcher junge
c. This young man.	
____________ ____________ Mann.	Dieser junge
14. a. I know this young man.	
Ich kenne ____________ ____________ Mann.	diesen jungen
b. I know this young woman.	
Ich kenne ____________ ____________ Frau.	diese junge
c. I know this young girl.	
Ich kenne ____________ ____________ Mädchen.	dieses junge
15. I went to school with this young man (woman, girl).	
Ich bin mit ____________ ____________ Mann zur Schule gegangen.	diesem jungen
Ich bin mit ____________ ____________ Frau zur Schule gegangen.	dieser jungen
Ich bin mit ____________ ____________ Mädchen zur Schule gegangen.	diesem jungen
16. Karin is this young man's (woman's, girl's) sister.	
Karin ist die Schwester ____________ ____________ Mannes.	dieses jungen
Karin ist die Schwester ____________ ____________ Frau.	dieser jungen
Karin ist die Schwester ____________ ____________ Mädchens.	dieses jungen
17. Do you know these young men?	
Kennst du ____________ ____________ Männer?	diese jungen
18. What is the correct form of *dieser?*	
____________ ist mein Freund Erich.	Dies
19. The plural of *jeder Mensch* is ____________ ____________.	alle Menschen
20. The normal way of expressing *such a* is ________ ________.	so ein
21. a. Die Nacht war dunkel.	
Es war eine ____________ Nacht. (spelling!)	dunkle
b. Das Haus ist hoch.	
Es ist ein ____________ Haus. (spelling!)	hohes

22. Following an *ein*-word without an ending, attributive adjectives must take ______ endings.	strong
23. a. a young man = ein ______ Mann	junger
b. a young girl = ein ______ Mädchen	junges
24. If two or more adjectives follow each other, they take ______.	the same ending
25. a. This is a good German wine. Das ist ein ______ ______ Wein.	guter deutscher
b. Good German wine is expensive. ______ ______ Wein ist teuer.	Guter deutscher
c. This expensive German wine is good. ______ ______ ______ Wein ist gut.	Dieser teure deutsche
26. Instead of *all mein Geld,* you can also say *mein* ______ *Geld.*	ganzes
27. all my books = ______ meine Bücher	alle
or: ______ meine Bücher	all
28. "There isn't any money left" can be expressed by *Das Geld ist* ______.	alle
29. I've waited all day. = ______ ______ Tag.	den ganzen
30. nicht schlecht = ______ gut	ganz
31. Adjectives can be used as nouns. Thus: der arme Mann = der ______	Arme
ein armer Mann = ein ______	Armer
32. Es gibt gar nichts Neues. The adjective *neues* becomes a ______ noun after	neuter
nichts; also after ______ and ______.	etwas, viel
33. The only noun indicating nationality that is declined like an adjective is ______.	der (die) Deutsche
34. I went to Rome with a German (man). Ich fuhr mit ______ ______ nach Rom.	einem Deutschen
35. Vor dem zerstörten Haus lag ein Verwundeter. This sentence shows that ______ can also be used as attributive adjectives and as nouns.	participles

36. If a participle is used as a noun, it is declined like an ___________.	adjective
37. English *the same* is expressed by either ___________ or _______ ___________.	derselbe (one word!) der gleiche
38. English *what kind of* is expressed by _______ _______.	was für
39. If *viel* and *wenig* are used without an ending, the adjective following must take a ___________ ending.	strong
40. lots of German money = viel ___________ Geld	deutsches
Now check your control of German adjectives by inserting the correct forms of the words in parentheses into the blanks.	
1. Es waren einige ___________ Leute da. (jung)	junge
2. Es muß jemand ___________ dort gewesen sein. (ander-)	anders
3. Was machst du mit deinem ___________ Geld? (viel)	vielen
4. Was ist das für ein ___________ Wagen? (neu)	neuer
5. Du hast etwas ___________ vergessen. (wichtig)	Wichtiges
6. Alle ___________ Karten sind schon verkauft. (gut)	guten
7. Er hat am ___________ Nachmittag auf mich gewartet. (nächst).	nächsten
8. ___________ Obst ist teuer. (italienisch)	Italienisches
9. Ich wollte, ich hätte einen ___________ Wagen. (neu)	neuen
10. Bei diesem ___________ Wetter bleibe ich hier. (schlecht)	schlechten
11. Er ist so ein ___________ Mensch. (nett)	netter
12. Welcher ___________ Mann war es denn? (jung)	junge
13. Wir saßen in einem ___________ Zimmer. (dunkel)	dunklen
14. Barbara ist kein ___________ Kind mehr. (klein)	kleines
15. Sie ist die Tochter eines ___________ Architekten. (bekannt)	bekannten

Reading. In the following text, from „Der Wolf und die sieben Geißlein," words have been left out at random, but with increasing frequency. As you read the text, make a list of the missing words; then compare with the original text on p. 313.

Es war einmal ____(1)____ alte Geiß, die hatte sieben ____(2)____, und hatte sie lieb, wie eine Mutter ihre Kinder ____(3)____ hat. Eines Tages wollte sie in den Wald gehen ____(4)____ etwas zu essen holen. Da rief sie alle sieben ____(5)____ Haus und sprach: „Liebe Kinder, ich will in den ____(6)____. Wenn der Wolf kommt, dürft ihr ihn nicht ins ____(7)____ lassen. Wenn er hereinkommt, so frißt er euch alle. ___(8)___ Bösewicht verstellt sich oft, aber an seiner Stimme und ___(9)___ seinen schwarzen Füßen werdet ihr ihn gleich erkennen." Die Geißlein ___(10)___: „Liebe Mutter, du brauchst keine Angst zu haben." Da ___(11)___ die Alte und ging in den Wald.

Es dauerte nicht lange, so klopfte jemand an ___(12)___ Haustür und rief: „Macht auf, ihr lieben Kinder, ___(13)___ Mutter ist da und hat jedem von ___(14)___ etwas mitgebracht." Aber die Geißlein hörten an ___(15)___ Stimme, daß es der Wolf war. „Wir ___(16)___ nicht auf", riefen sie, „du bist ___(17)___ unsere Mutter, die hat eine feine ___(18)___ liebliche Stimme, aber deine Stimme ___(19)___ rauh; du bist der Wolf." Da ___(20)___ der Wolf fort und kaufte ___(21)___ Stück Kreide; die aß er ___(22)___ machte damit seine Stimme ___(23)___. Dann kam er zurück, klopfte ___(24)___ die Haustür und rief: „___(25)___ auf, ihr lieben Kinder, ___(26)___ Mutter ist da ___(27)___ hat jedem von ___(28)___ etwas mitgebracht." Aber ___(29)___ Wolf hatte seinen ___(30)___ Fuß in das ___(31)___ gelegt; das sahen ___(32)___ Kinder und riefen: „___(33)___ machen nicht ___(34)___, unsere Mutter ___(35)___ keinen schwarzen ___(36)___, wie du; du ___(37)___ der Wolf."

UNIT 11

A. Grammar in a Nutshell

See Analysis 168-171 (pp. 362-372)

INFINITIVES

Review the position of infinitives with modals and with *brauchen* (Analysis 55, 56, 69, pp. 72-74, 101-102).

Remember: All infinitives introduced so far stand in the second prong.

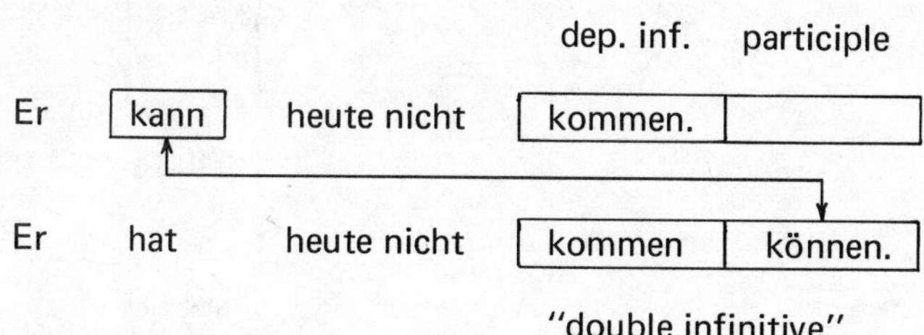

In Unit 11, these second-prong infinitives are reviewed and some new ones introduced. In addition, END-FIELD INFINITIVES are introduced.

You must distinguish between three types:

1. Second-prong infinitives without *zu.*
2. Second-prong infinitives with *zu.*
3. End-field infinitives, always with *zu.*

A special section of the Study Guide (see below, p. 74) is devoted to the causative *lassen* plus infinitive.

Note carefully: Some of the verbs in the table below use a participle that looks like the infinitive; you know this structure, the so-called "double infinitive," from the modals and from *brauchen.* It is also used with *hören, sehen,* and *lassen.* All sentences are given in the perfect, to show the position of dependent infinitive and participle.

(Exception: *scheinen:* no perfect!)

1. Second-prong infinitives without *zu:*

front field	1st prong	inner field	neg.	dep. inf.	participle
a. "Double infinitives"					
Ich	habe	....	nicht	lesen	können. / wollen. / sollen. / dürfen. / müssen. / mögen.
Ich	habe	ihn	nicht	kommen	hören. / sehen.
Ich	habe	ihn		kommen	lassen.
Ich	habe	das Buch		liegen	lassen. / gelassen.
Ich	habe	es zu Hause			gelassen.
b. "Regular" participles					
Ich	habe	....	nicht	fahren / kochen / schreiben / etc.	gelernt.
Ich	bin	....	nicht	stehen / sitzen / liegen	geblieben.
Ich	bin	....		schwimmen / tanzen / essen / etc.	gegangen.
Ich	bin	....		spazieren	gefahren.

2. Second-prong infinitives with *zu:*

front field	1st prong	inner field	neg.	*zu*	dep. inf.	participle
Ich	habe	....	nicht	zu	arbeiten / lesen / kommen / etc.	brauchen.
Er	scheint	....	nicht	zu	kommen. / schlafen. / arbeiten. / etc.	———
Ich	habe	nichts		zu	tun / lesen / etc.	(gehabt).
Er	ist	....	nicht	zu	finden / sehen / hören / etc.	(gewesen).

3. End-field infinitives (always with *zu*):

front field	1st prong	inner field	neg.	participle	inner field or complement of infinitive	infinitive
Ich	habe	....	nicht	angefangen / vergessen / versprochen / versucht,	für ihn	zu arbeiten.
Ich	habe	DAT. OBJ.: ihm / euch / Ihnen / Herrn M.		befohlen / empfohlen / erlaubt / geraten / verboten,	nach B.	zu fahren.

Note: In the *anfangen* type, the subject of the main clause is also the (suppressed) subject of the infinitive.

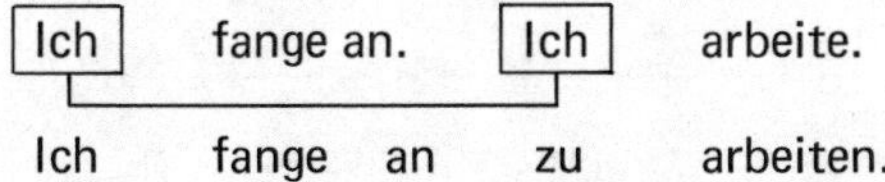

Ich fange an. Ich arbeite.

Ich fange an zu arbeiten.

In the *befehlen* type, the dative object of the main clause is the (suppressed) subject of the infinitive.

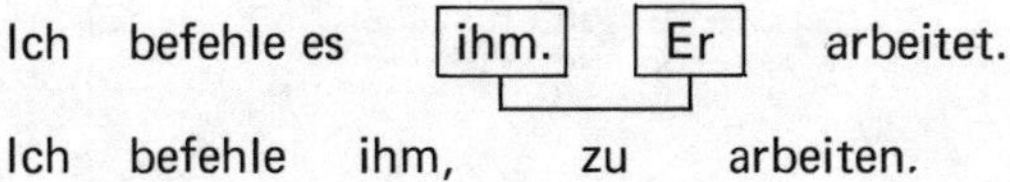

Ich befehle es ihm. Er arbeitet.

Ich befehle ihm, zu arbeiten.

4. Other end-field infinitives:

a. With predicate adjectives

Ich bin . . . . . {erstaunt / glücklich / froh / etc.} gewesen, ihn zu sehen.

b. After anticipatory *da*-compounds (prepositional objects)

Ich habe . . . . . nicht daran gedacht, ihn anzurufen.

c. Infinitives with *um . . . zu, ohne . . . zu, statt . . . zu*

Ich bin . . . . . nach Rom gefahren, {um / ohne / statt} . . . zu arbeiten.

See Analysis 169 (pp. 365-368)

5. *lassen* (to cause, to allow):

The following summarizes schematically the uses of *lassen.* Study and memorize the sample sentences carefully.

a. Subject of dependent infinitive in accusative.

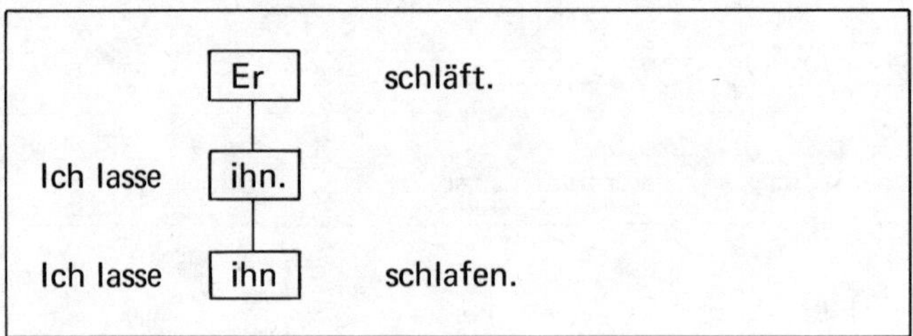

b. Subject of infinitive in accusative + object of infinitive in accusative.

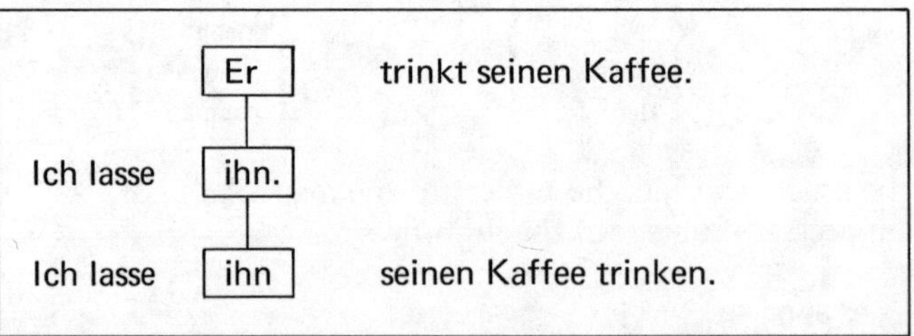

c. Subject of infinitive suppressed; object of infinitive in accusative.

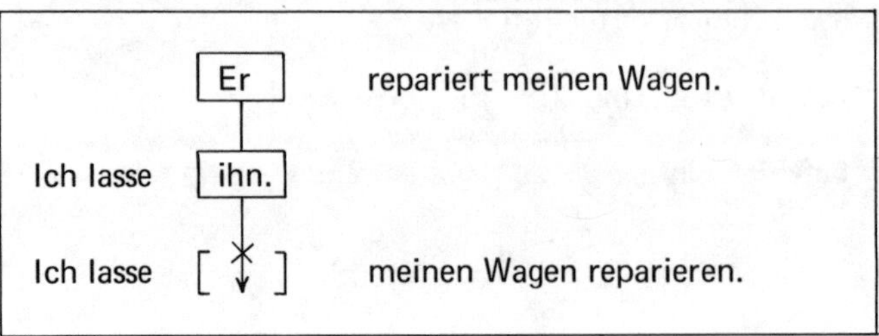

d. Subject of infinitive suppressed; object in accusative preceded by personal dative.

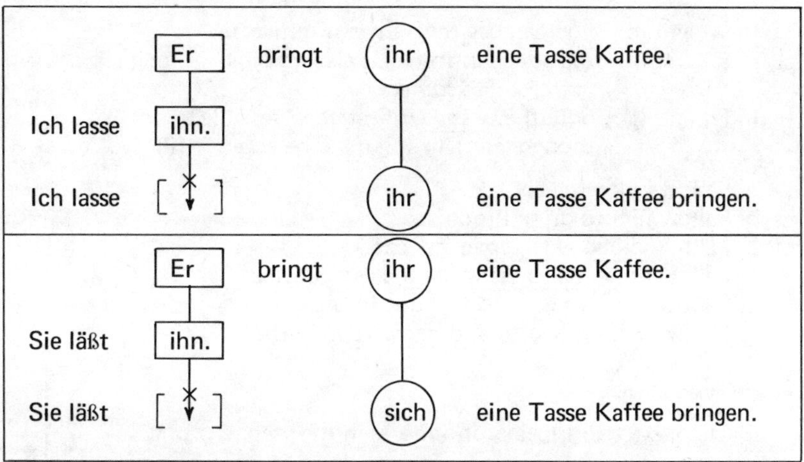

e. Subject of infinitive as *von*-phrase + personal dative + object in accusative.

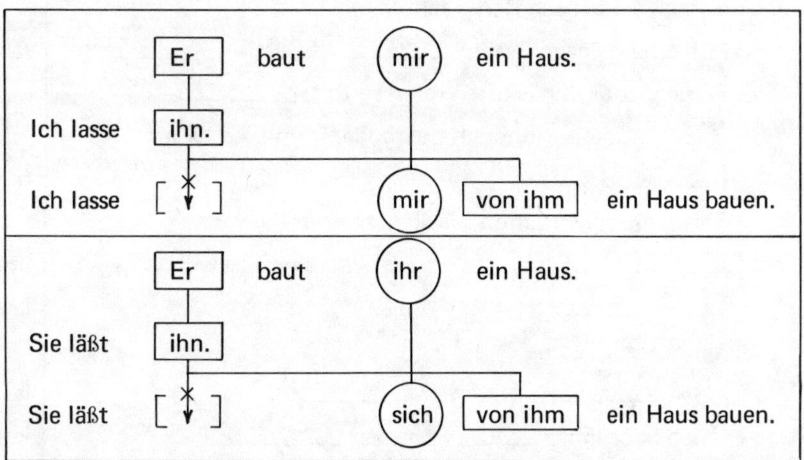

f. Subject as *von*-phrase + accusative object.

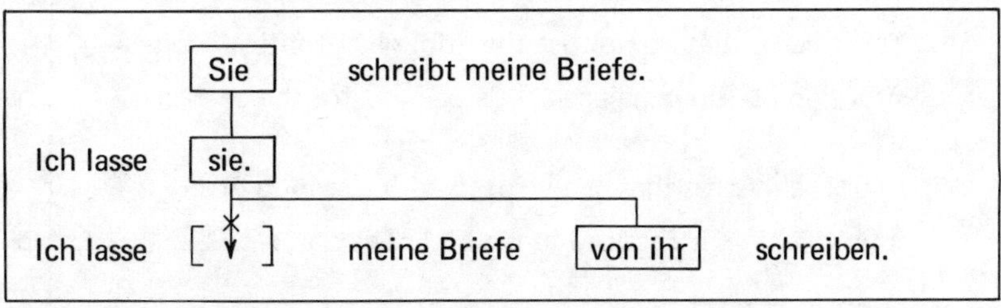

ENGLISH EQUIVALENTS. Go over the English translations of all *lassen* examples on pp. 365-368. English uses a variety of patterns to express the causative idea of *lassen,* but note the following: You can use *allow* in all those sentences (though the results are not necessarily good English):

In (a) and (b), you can use the active infinitive.
In (c) and (d), the active infinitive is also possible, as long as you also use *someone.*
In (e) and (f), only the passive infinitive is possible, even though German still uses the active infinitive.

a. I allow him to sleep.
b. I allow him to drink his coffee.
c. I allow someone to repair my car.
d. I allow someone to bring her a cup of coffee.
e. I allow -------- a house to be built for me by him.
f. I allow -------- my letters to be written by her.

B. Programmed Exercises

1. There are two types of infinitives in the second prong,	
those with and those without ______________.	zu
2. The most frequent category without *zu* are the ______________.	modals
3. Er muß heute nach Berlin fahren.	
Er hat heute nach Berlin ______________ ______________.	fahren müssen
4. This construction is often referred to as ______________	
______________, although the modal form is really a	"double infinitive"
______________.	participle
5. This same construction is also used with the verbs	
______________ and ______________, as well as with	hören, sehen
______________.	lassen
6. a. I hear him come.	
Ich ______________ ihn ______________.	höre, kommen
Ich habe ihn ______________ ______________.	kommen hören
b. I have let him go.	
Ich habe ihn ______________ ______________.	gehen lassen
7. Those verbs that do not use the "double infinitive" con-	
struction use the regular ______________ for the perfect tense.	participle
8. Four such verbs (that can be used with a second-prong	
infinitive) are introduced in Unit 11. They are: ______________,	bleiben,
______________, ______________, ______________.	gehen, fahren, lernen
9. Whenever these verbs are used in the perfect tense, the par-	
ticiple is preceded by the ______________ ______________.	dependent infinitive

10. a. We are going to eat now.	
Wir ____________ jetzt ____________.	gehen, essen
b. They have gone swimming.	
Sie ____________ ____________ ____________.	sind schwimmen gegangen
c. The auxiliary in 10b must be ____________, because the verb *gehen* uses *sein* as an auxiliary.	sind
11. a. You mustn't keep standing here.	
Sie dürfen hier nicht ____________ ____________.	stehen bleiben
b. They have gone for a walk.	
Sie sind ____________.	spazierengegangen
c. He has never learned to write.	
Er hat nie ____________ ____________.	schreiben gelernt
d. You ought to learn how to drive.	
Du solltest ____________ ____________.	fahren lernen
12. Which verbs use an infinitive with *zu*?	brauchen, scheinen, haben, sein
13. *Brauchen* is used mainly to negate ____________.	müssen
14. *Scheinen* is unusual, because it cannot form a	
____________ tense if used with a dependent infinitive.	perfect
In this respect, it resembles the ____________ use of modals.	subjective
15. a. Can you buy me something to eat?	
Kannst du mir ____________ ____________ kaufen?	etwas zu essen
b. I have had nothing to do today.	
Ich habe heute nichts ____________ ____________.	zu tun gehabt
c. He is nowhere to be found.	
Er ist nirgends ____________.	zu finden
d. He seemed not to have slept well.	
Er ____________ nicht gut ____________ ____________.	schien; geschlafen zu haben
e. You don't have to stay at home.	
Du brauchst nicht ____________.	zu Hause zu bleiben
f. He didn't have to work for years.	
Er hat jahrelang nicht ____________ ____________.	zu arbeiten brauchen
16. The new type of infinitive construction introduced in	
Unit 11 is the ____________ infinitive.	end-field

17. There are two major types: those that follow the pattern of ________ and those that follow ________.	anfangen, befehlen
18. In the *anfangen* type, the subject of the main clause and the subject of the infinitive are ________.	identical
19. In the *befehlen* type, the subject of the infinitive appears in the main clause as a ________.	dative object
20. a. I recommended that he stay home.	
Ich habe ________ empfohlen, zu Hause zu bleiben.	ihm
b. She claimed to have seen him in Africa.	
Sie ________, ihn in Afrika ________ ________.	behauptete; gesehen zu haben
21. I was glad to see her again.	
Ich war froh, sie ________.	wiederzusehen
The example shows that end-field infinitives are also used after certain ________ ________.	predicate adjectives
22. End-field infinitives are also used after anticipatory *da*-compounds. (See Analysis 141, pp. 252-253)	
Ich denke nicht ________, ihn anzurufen.	daran
Ich hoffe immer noch ________, sie wiederzusehen.	darauf
23. There are two patterns that parallel the infinitive with *um . . . zu,* namely ________ and ________.	ohne . . . zu; statt . . . zu
24. *Lassen* has two basic meanings, (a) to ________ and	(a) let, leave
(b) to ________; to leave somebody or something	(b) cause, allow
(like a place), however, is expressed by ________.	verlassen
25. a. They left Hamburg at 7 o'clock.	
Sie ________ Hamburg um 7 Uhr.	verließen
b. They left the children at home.	
Sie ________ die Kinder zu Hause.	ließen
c. He left the books lying on the table.	
Er hat die Bücher auf dem Tisch ________.	liegengelassen
d. I am having my car washed today.	
Ich ________ heute meinen Wagen waschen.	lasse
e. We are having a house built.	
Wir ________ ________ ein Haus bauen.	lassen uns
f. We are having him build us a house.	
Wir lassen ________ ________ ________ ein Haus bauen.	uns von ihm

g. We let him go.

Wir ______________ ihn ______________. | lassen, gehen

h. We have let him go.

Wir haben ihn ______________ ______________. | gehen lassen

i. We must let him go.

Wir müssen ihn ______________ ______________. | gehen lassen

j. We have had to let him go.

Wir haben ihn ____________ ____________ ____________. | gehen lassen müssen

A. Grammar in a Nutshell

See Analysis 172 (pp. 372-375)

HIN **AND** *HER*

Basic meaning: [Speaker] → HIN; ← HER

Remember the difference between

WO? —at what place? —DA
WOHIN? —to what place? —DAHIN
WOHER?—from what place?—DAHER

Review Analysis 121-123, pp. 211-214.

Uses:

1. Verbal complements: hinbringen
hinfahren
herkommen
etc.

2. With adverbs: place: hierher
dorthin
von daher
etc.

time: von {der Schule / früher / etc.} her

vorher (earlier, beforehand)
nachher (later, afterward)
vorhin (a little while ago)

3. With *wo:* Wohin gehst du?
Wo gehst du hin?

Woher kommst du?
Wo kommst du her?

4. With another prefix: usually literal meaning.

literal	nonliteral
hinuntergehen: go down(stairs)	untergehen: vanish
hinausgehen: go out(side)	ausgehen: go out (theater, restaurant, etc.)
herauskommen: come out	auskommen: get along with
hereinholen: bring in(side)	einholen: catch up with

(and many others)

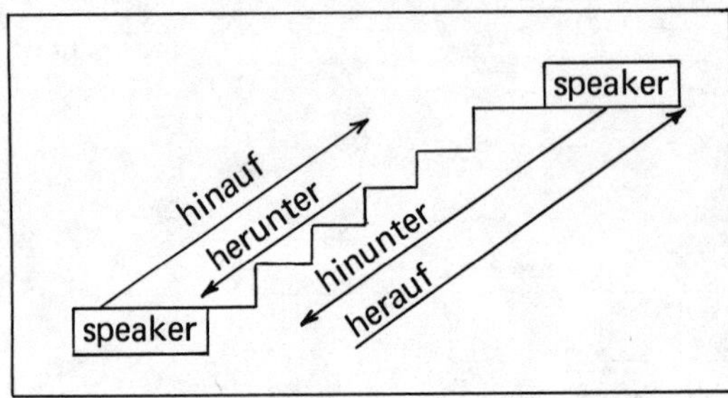

Note the reversal of *hin-* and *her-*, depending on the speaker's position.

5. Prepositional brackets: aus (dem Haus) heraus
auf (den Berg) hinauf
vor (mir) her

B. Programmed Exercises

1. Where are you coming from?	
Wo kommen Sie denn ______?	her
2. I am going there, too.	
Da gehe ich auch ______.	hin
3. Can you take me there?	
Können Sie mich ______?	hinbringen
4. How did <u>you</u> get here?	
Wie bist <u>du</u> denn ______ gekommen?	hierher
5. I've known him since kindergarten.	
Den kenne ich schon ______ Kindergarten ______.	vom . . . her
6. Erika was here just a little while ago.	
Erika war gerade ______ hier.	vorhin
7. Where did they put you up?	
Wo hat man euch denn ______?	untergebracht
8. Please bring my things down.	
Bitte bring meine Sachen ______.	herunter

9. Can you get along with your income? Kannst du mit deinem Einkommen ____________?	auskommen
10. Erich came out of the house. Erich kam __________ dem Haus ____________.	aus . . . heraus

A. Grammar in a Nutshell

REVIEW OF NEGATION

Review Analysis 41-48, 116, 143, pp. 63-68, 186, 280.

See Analysis 174 (p. 378)

The introduction of the rhetorical *nicht* in Unit 11 completes the description of all major patterns of negation in German.

Position of *nicht:* Anywhere from the first word to the last word of a sentence, but NOT ARBITRARY.

Front field: Normally only in the pattern with *sondern.*
Nicht am Sonntag, sondern erst am Montag sind wir . . .

Inner field: At end of sentence only if no second prong.
Heute kommt Schmidt-Ingelheim leider nicht.

Nicht always precedes second prong.

Heute kann er leider nicht kommen.
Heute ist er leider nicht gekommen.
Leider ist mein Sohn nicht Arzt.

If *nicht* stands at the end of the sentence or immediately in front of the second prong, it negates the whole sentence. As *nicht* moves farther forward, i.e., to the left, it negates less and less, until (in yes-or-no questions) it becomes only rhetorical with the expectation of an affirmative answer.

Ich war leider gestern nicht im Theater.
Ich war leider nicht gestern im Theater, (sondern vorgestern).
Waren Sie nicht gestern mit Ihrer Frau im Theater?

B. Programmed Exercises

Review exercise on negation. Negate the following sentences.

1. Herr Meyer ist sehr intelligent.	nicht sehr
2. Er war mit Inge gestern abend im Kino. (Nein, gestern nachmittag!)	nicht gestern abend, sondern gestern nachmittag
3. Er hat lange geschlafen. (Nein, nur fünf Minuten!)	nicht lange
4. Er hat lange geschlafen. (Er war drei Tage nicht im Bett.)	lange nicht geschlafen
5. Das ist ein guter Wein.	kein guter Wein
6. Ein sehr guter Wein ist das.	ist das nicht

7. Haben Sie meinen Freund Meyer besucht?	nicht besucht
8. Haben Sie einen Bruder?	keinen Bruder
9. Haben Sie einen Bruder in Köln? (Sie haben doch einen Bruder in Köln, nicht wahr?)	nicht einen Bruder (rhetorical)
10. Ich habe ein Buch gelesen.	nicht ein Buch
11. Hast du Ingelheims neuen Roman schon gelesen?	noch nicht gelesen
12. Er wohnt immer noch in Konstanz.	nicht mehr in Konstanz
13. Hans hat mir Blumen zum Geburtstag geschickt.	keine Blumen
14. Ich habe dieses Jahr seinen Geburtstag vergessen.	nicht vergessen
15. Der Schnellzug um 11:53 fährt nach Köln.	nicht nach Köln
16. Meyer wohnt doch jetzt in München. (Nein, Hueber wohnt in München.)	Nicht Meyer sondern Hueber wohnt in München.
17. In Deutschland kann man ohne Fahrkarte auf den Bahnsteig. (Nein, Sie brauchen eine Fahrkarte.)	nicht ohne Fahrkarte
18. Waren Sie vor ein paar Jahren schon einmal in Deutschland? (Sie waren doch dort, nicht wahr?)	nicht vor ein paar Jahren

Reading. ,,Ein Tisch ist ein Tisch.''

The following statements are either true or false (T or F).

1. Der alte Mann redet sehr viel mit seinen Nachbarn.	F
2. Er wohnt in einer kleinen Stadt, ganz am Ende der Straße.	T
3. Seine Kinder besuchen ihn oft in seiner kleinen Wohnung.	F
4. Er ging fast nie spazieren, weil seine Bekannten immer zu ihm kamen.	F
5. Nichts änderte sich in seinem Leben, bis es einen besonderen Tag gab.	T
6. An diesem besonderen Tag lernte er viele französische Wörter.	F
7. Aber nichts war in seinem Leben anders geworden, und er wurde sehr wütend.	T
8. Weil die Franzosen das Bett ,,li'' nennen, nannte er jetzt das Bett Bild.	T
9. Mit der neuen Sprache wurde sein Leben wirklich anders.	T
10. Die neuen Wörter hatte der alte Mann alle in einem blauen Buch gefunden.	F
11. Schließlich verstand er die Menschen nicht mehr, weil er ihre Sprache nicht mehr verstand.	T
12. Am Ende sprach er nur noch mit sich selbst, weil die Leute ihn nicht verstehen konnten.	T

UNIT 12

A. Grammar in a Nutshell

See Analysis 178-180 (pp. 411-413)

THE EMPHATIC PRONOUN *SELBST (SELBER)*

Do not confuse the emphatic pronoun SELBST
and the reflexive pronoun SICH

The emphatic *selbst* is always stressed.
Use it when English *-self (-selves)* is stressed.
Its use has nothing to do with reflexives; it occurs with reflexive and with nonreflexive verbs.

I did it myself.
Ich habe es selbst getan.

Think of yourself for a change, too.
Denk doch auch mal an dich selbst.

He is amazed at it himself.
Er wundert sich selbst darüber.

Uses:

1. To emphasize a preceding noun or pronoun:

   Er fährt {selbst / selber} nach Berlin.

2. To express the idea "without help":

   Ich kann den Brief ja auch {selbst / selber} schreiben.

3. To contrast two statements:

   Ich selbst muß hier bleiben, aber du kannst gehen.

4. As a synonym of *auch:*

   Ich habe {selbst / selber / auch} kein Geld.

5. As a synonym of *sogar* and *auch* meaning *even* (not interchangeable with *selber*):

   {Selbst / Sogar / Auch} das ist ihm zuviel.

B. Programmed Exercises

1. *Selbst* and *selber* are ____________ pronouns.	emphatic
2. They are (always? never?) stressed.	always
3. Du brauchst mir nicht zu helfen; ich kann das selber machen. The meaning of *selber* in this sentence is "____________."	without help
4. Ich bin selbst nicht glücklich. or: Ich bin ____________ nicht glücklich.	auch

5. Selbst Meyer war gestern im Kino.	
a. *Selbst* can be replaced by ________ or ________.	Sogar, Auch
b. *Selbst Meyer* must be translated by ____________.	Even Meyer
c. In this case, *selbst* cannot be replaced by ________.	selber
6. a. English *each other* corresponds to German	
________ or ________.	einander, gegenseitig
b. These forms are called ________ pronouns.	reciprocal
c. They helped each other.	
Sie halfen ________.	sich
or: ________.	einander
or: ________ ________ .	sich gegenseitig

A. Grammar in a Nutshell

REFLEXIVE VERBS

Review Analysis 147, pp. 288-290, on reflexive pronouns.

German reflexive verbs do not present much of a structural problem once you get used to the fact that German has many more mandatory reflexives than English. (The English equivalents do not contain a form like *myself.*)

Be sure to distinguish between dative reflexives and accusative reflexives. (See note preceding the vocabulary section on p. 430.) The main learning problem is to memorize the large number of reflexives introduced in this unit.

2 types of reflexive verbs:

See Analysis 182 (p. 413)

1. Occasional reflexives.
(English equivalents show a form like *myself.*)

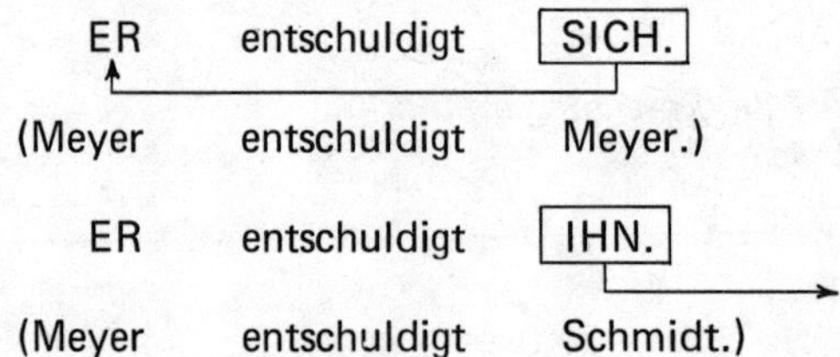
ER entschuldigt SICH.
(Meyer entschuldigt Meyer.)
ER entschuldigt IHN.
(Meyer entschuldigt Schmidt.)

Both *sich* and *ihn* are genuine accusative objects.

See Analysis 183 (p. 414)

2. Mandatory reflexives.
(English equivalents do not normally show a form like *myself.*)

ER verliebt SICH.

Sich is not an accusative object, but part of the verbal pattern.

transitional vs. nontransitional:

See Analysis 184 (pp. 414-416)

Both occasional and mandatory reflexives can express a transition from one state to another.

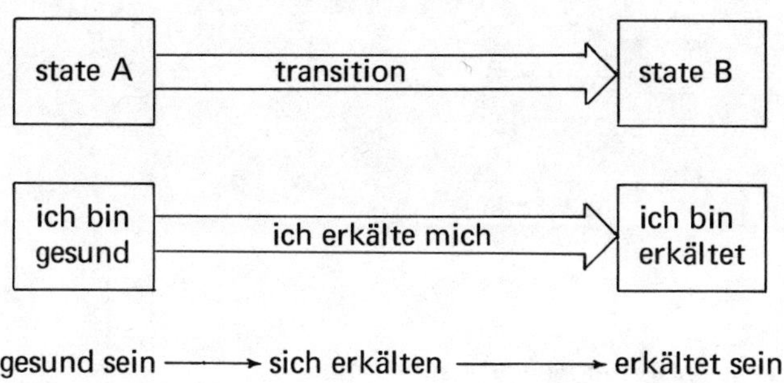

gesund sein ——→ sich erkälten ——→ erkältet sein

The resulting state is expressed by *SEIN* + PARTICIPLE

sich verlieben—verliebt sein
sich anziehen—angezogen sein
sich ausruhen—ausgeruht sein
sich rasieren —rasiert sein

See Analysis 186 (p. 417)

Nontransitional reflexives do not normally have a *sein* + participle form, because they express a continuous activity.

setzen, stellen, legen:

Carefully distinguish between THREE SETS OF FORMS.

1. setzen— stellen— legen—transitive, weak verbs
2. sich setzen—sich stellen—sich legen—transitive, weak verbs (occasional reflexives)
3. sitzen— stehen— liegen—intransitive, strong verbs

Be sure you know the principle parts of these verbs.

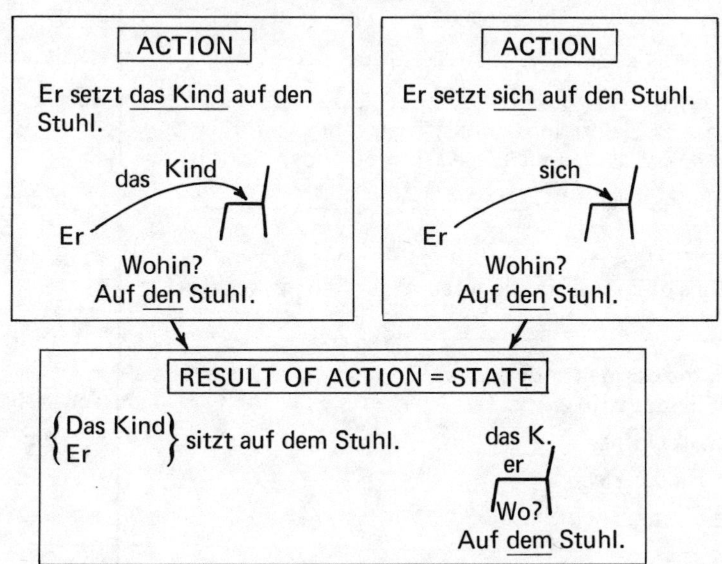

Dative reflexives (including "household" reflexives):

See Analysis 187-188 (pp. 417-418)

Basic idea: I do something FOR MYSELF (TO MYSELF).

With the "household" reflexives, English uses possessive adjectives.

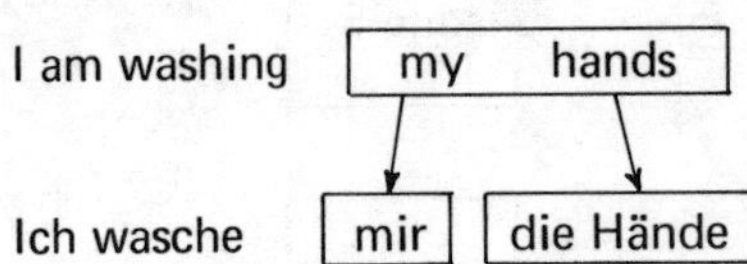
I am washing
my
hands
Ich wasche
mir
die Hände

B. Programmed Exercises

1. There are two types of reflexive verbs in German, ______ and ______.	occasional, mandatory
2. Occasional reflexives are regular transitive verbs that use reflexive pronouns as ______ objects.	accusative
3. a. I've hurt him. Ich habe ______ verletzt.	ihn
b. I've hurt myself. Ich habe ______ verletzt.	mich
4. An English example of a mandatory reflexive verb is ______.	to enjoy oneself
5. Transitional reflexives describe an ______ that leads from one ______ to another.	action; state
6. The resulting state is expressed with ______ plus ______. Thus, the state resulting from *sich erkälten* is ______ ______.	sein; participle; erkältet sein
7. *Setzen, stellen,* and *legen* are ______ and transitive verbs describing actions. Their reflexive forms *sich setzen, sich stellen, sich legen* (source of confusion!) correspond to English ______, ______, ______.	weak; to sit down; to place oneself; to lie down
8. The actions of 7 result in the three strong and intransitive verbs ______, ______, ______.	sitzen, stehen, liegen
9. What are the German equivalents?	
a. to fall in love with	sich verlieben in
b. to change clothes	sich umziehen
c. to get enough sleep	sich ausschlafen
d. to get excited about	sich aufregen über
e. to get used to	sich gewöhnen an

f. to change	sich verändern
g. to lie down	sich legen
h. to be bored	sich langweilen
i. to be interested in	sich interessieren für
j. to remember	sich erinnern an
k. to look forward to	sich freuen auf
l. to be pleased with	sich freuen über
m. to rely on	sich verlassen auf
If you have trouble with these reflexives, make a list, based on pp. 391-400, and memorize them systematically.	
10. a. May I introduce myself?	
Darf ich ____________ vorstellen?	mich
b. I can imagine that.	
Das kann ich ____________ vorstellen.	mir
11. I have to get my hair cut.	
Ich muß ____________ ____________ Haare schneiden	mir die
____________.	lassen
12. It turned out that he lived in Berlin.	
____________, daß er in Berlin lebt.	Es stellte sich heraus
13. a. He is in the coffee business.	
Er handelt ____________ Kaffee.	mit
b. The novel deals with the war.	
Der Roman handelt ____________ Krieg.	von dem = vom
c. We are dealing with an important matter.	
____________ handelt ____________ ____________ eine wichtige Sache.	Es . . . sich um
14. Now we must act.	
Jetzt müssen wir ____________.	handeln

A. Grammar in a Nutshell

See Analysis 190-193 (pp. 419-424)

IMPERATIVES

Be sure you know the forms of the imperative (p. 419).

There are FIVE DIFFERENT FORMS:

familiar:	*du*-form
	ihr-form
formal:	*Sie*-form
inclusive:	*wir*-form
impersonal:	same as infinitive

Remember:

1. Only the *du*-form differs from the indicative: no *-st* ending!
2. Only the change from *e* to *ie* or *i* is retained in the *du*-form. (gib!)
3. The forms of *sein* all have the stem of the infinitive: sei, seid, seien wir, seien Sie!

INDIRECT IMPERATIVE: use *SOLLEN.*

Er sagte: ,,Bleiben Sie doch hier."
Er sagte, ich solle (sollte) doch hierbleiben.

English *Why don't you . . .* is expressed in German by imperative + stressed *du, ihr,* or *Sie.*

Rede du doch mal mit Meyer.

B. Programmed Exercises

1. Er sagte, ich solle ihm das Buch geben.	
Bitte, ________ mir doch das Buch.	gib
Bitte, ________ ________ mir doch das Buch.	geben Sie
2. Er sagte, wir sollten nicht unglücklich sein.	
________ doch nicht unglücklich.	Seid
3. Sollen wir nach Hause fahren?	
Also gut, ________ ________ nach Hause.	fahren wir
4. Er tut, als ob er krank wäre.	
Bitte ________ nicht, als ob du krank wärst.	tu
5. Man darf nicht rauchen.	
Bitte nicht ________.	rauchen
6. Er sagte, ich solle vorsichtig sein.	
Bitte, ________ Sie vorsichtig, Herr Müller.	seien
7. Warum kannst du nicht mal Kaffee kochen?	
________ ________ doch mal Kaffee.	Koch du
8. Warum fährst du nicht mit nach München?	
________ doch mit nach München.	Fahr
9. Er sagte, ich solle ihn mitnehmen.	
Bitte, ________ mich doch mit.	nimm
10. Sie sagte, ich sollte nicht so viel essen.	
________ doch bitte nicht so viel.	Iß

UNIT 13

A. Grammar in a Nutshell

See Analysis 197-204 (pp. 447-452)

THE PASSIVE

Forms:

ACTIONAL: WERDEN + PARTICIPLE
Das Problem wird gelöst.
The problem is (being) solved.

STATAL: SEIN + PARTICIPLE
Das Problem ist gelöst.
The problem is (already) solved.

Actional passive, reflexives, and statal forms:

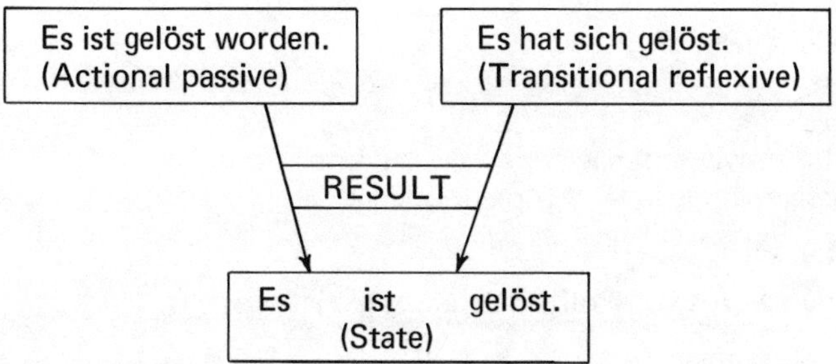

Note: Statal forms can be the result of either an actional passive or a transitional reflexive. (There are, however, not many verbs that occur in the complete pattern.)

Active or passive?

Provided that a verb can form a passive, the choice of active vs. passive depends on the TOPIC about which a STATEMENT is to be made. The topic can be either the "agent" or the "patient."

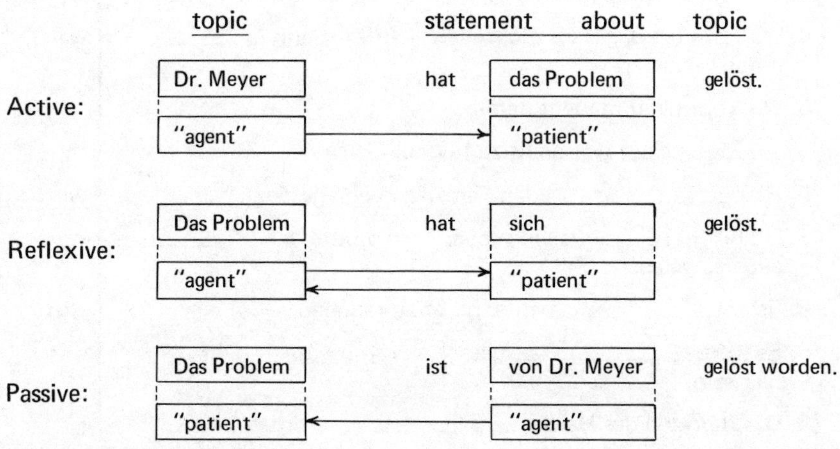

Dative objects:

ONCE a dative object, ALWAYS a dative object.
Verbs with only a dative object form passive sentences without a subject.

Dr. Meyer	half	mir	sofort.
Mir	wurde	(von Dr. Meyer)	sofort geholfen.

Other subject-less sentences:

Sentences that express "activity as such."

Hier wird getanzt.

Bei uns wird gearbeitet.

von, durch, mit:

The subject of the active sentence appears as a prepositional phrase in the passive sentence (if it is mentioned at all).

von: personal agent

Der Dieb wurde von Polizist Schmidt gesucht.

mit: personal means

Der Dieb wurde mit Polizeihunden gesucht.

durch: impersonal means or causes

Der Dieb wurde durch das Radio gesucht.

B. Programmed Exercises

1. Wann soll der Film denn gezeigt ________?	werden
2. Er ________ doch schon gezeigt worden.	ist
3. Bei uns soll er auch schon gezeigt ________ ________.	worden sein
4. Wir konnten das Haus nicht mehr kaufen, denn es ________ schon verkauft.	war
5. Wir konnten ihm nicht helfen. ________ war nicht zu helfen.	Ihm
6. Hier ________ jeden Samstag abend getanzt.	wird
7. Du bist bei Schmidts eingeladen? Ich wollte, ich ________ auch eingeladen.	wäre
8. Es ________ gebeten, nicht zu rauchen.	wird
9. Es wurde ________ gesagt, ich sollte um 10 Uhr hier sein.	mir
10. Das Betreten des Hauses ________ verboten.	ist

A. Grammar in a Nutshell

See Analysis 205 (pp. 452-455)

THE IMPERSONAL *ES*

1. *Es* as a filler.

To fill the front field if there is only one element in addition to first and second prong.

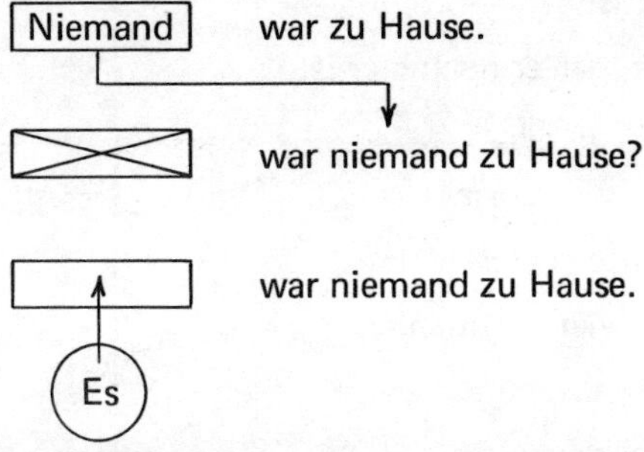
Niemand
war zu Hause.
war niemand zu Hause?
war niemand zu Hause.
Es

Note: Theoretically, *es* can be used in this function in any assertion, even if there are a number of inner field elements; and it is occasionally so used.

2. *Es* as subject of impersonal verbs.

Es regnet.
Es geht mir gut.
Es ist zehn Uhr.
Es gibt hier kein Hotel.
etc.

This *es* does NOT disappear if it is moved out of the front field.

Mir geht | ES | gut.

Hier gibt | ES | kein Hotel.

3. The anticipating *es*.

| Das | ist ganz unwahrscheinlich.

Was?

| Daß Ingelheim noch lebt, | ist ganz unwahrscheinlich.

| Es | ist ganz unwahrscheinlich,

→ | daß Ingelheim noch lebt. |

B. Programmed Exercises

In the following examples, determine whether or not the blanks should be filled by *es*.

1. Es gab jeden Abend Roastbeef.	
Jeden Abend gab ______ Roastbeef.	es
2. Es ist möglich, daß er noch hier ist.	
Möglich ist ______ natürlich, daß er noch hier ist.	es
Daß er noch hier ist, ist ______ möglich.	x
3. Ich hoffe, daß ______ morgen nicht regnet.	es
4. Es sind sehr viele Leute hier heute abend.	
Heute abend sind ______ sehr viele Leute hier.	x
5. So spät ist ______ doch noch gar nicht.	es
6. Mir geht ______ heute gar nicht gut.	es
7. Jetzt werden ______ wieder Häuser gebaut.	x
8. Leider ist ______ verboten, hier zu rauchen.	es
Das Rauchen ist ______ leider verboten.	x

A. Grammar in a Nutshell

PRE-NOUN INSERTS

See Analysis 207 (pp. 456-458)

Pre-noun inserts are often recognizable because a *der*-word is followed by a word that cannot normally follow a *der*-word; for example:

Alle could only be followed by *die* or an adjective or a noun; therefore the following construction points to a pre-noun insert.

Alle an . . .
Alle an dem . . .
Alle an dem von . . .

You must go on until you find either a noun that fits or an adjective (or declined participle) plus noun that could follow *alle.*

<u>Alle</u> an dem von Professor B. vorgeschlagenen Projekt <u>interessierten Studenten</u> wurden gebeten, . . .

All students
interested in the project
proposed by Professor B.
were requested to . . .

ADDITIONAL EXERCISES

Name: ____________________

Additional Exercises: Unit 1

A. Answer the following questions.

1. Studiert Fritz Medizin?

   Ja, er ____________________. Nein, er ____________________ Deutsch.

2. Sind Sie heute abend zu Hause?

   Ja, ____________________. Nein, ____________________ in Köln.

3. Arbeiten Sie in München?

   Ja, ____________________. Nein, ____________________ in Bonn.

4. Wohnt Hans auch in Hamburg?

   Ja, ____________________. Nein, ____________________ in Köln.

5. Geht ihr nächstes Jahr nach Deutschland?

   Ja, ____________________. Nein, ____________________ nach England.

6. Wo wohnt ihr? Wir ____________________.

7. Wann gehst du ins Kino? ____________________.

8. Wer ist das? ____________________.

9. Was studieren Sie? ____________________.

10. Wer ist hier? Meyer ____________________.

B. Write down appropriate yes-or-no questions.

1. ____________________? Ja, ich wohne in Berlin.

2. ____________________? Nein, ich wohne in Berlin.

3. ____________________? Ja, er ist heute zu Hause.

4. ____________________? Ja, er ist auch hier.

5. ____________________? Nein, ich studiere Deutsch.

C. Write down appropriate word questions.

1. Wer ____________________? Das ist Frau Meyer.

2. ____________________? Ich studiere Deutsch.

3. ____________________? Er fährt <u>morgen</u> nach Köln.

D. Express in German. Start your German sentence first with one of the underlined words, then with the other.

1. Tomorrow we are flying to Germany.

a. ______________________________.

b. ______________________________.

2. By the way, they live in Munich now.

a. ______________________________.

b. ______________________________.

3. Dr. Schmidt works in Germany, too, now.

a. ______________________________.

b. ______________________________.

E. Express in German.

1. Mr. and Mrs. Beyer have two sons and two daughters.

____

2. Are you going to the movies, too, tomorrow, Miss Meyer?

____

3. How is the weather today?—It is raining.

____

4. Does he still live in Cologne?—No, he lives in Munich now.

____

5. Peter is intelligent, and Paul is intelligent too.

____

Name: ______________________________

Additional Exercises: Unit 2

A. In the following sentences, draw brackets around the second prong in those sentences that have one. Then rewrite each sentence, starting with an inner field element. Remember that you cannot move the bracketed element.

Example:
Er geht heute abend [ins Kino.]
Heute abend geht er ins Kino.

1. Morgen fliegt Herr Meyer nach München.

____

2. Hans bleibt heute abend zu Hause.

____

3. Natürlich kommt Hans morgen.

____

4. Ich brauche den Wagen heute abend.

____

5. Er kennt natürlich meinen Sohn.

____

6. Frau Lenz ist jetzt wieder gesund.

____

7. Das ist natürlich Frau Meyer.

____

8. Meyer ist leider ein Dummkopf.

____

B. Rewrite the following sentences, replacing the subject by a pronoun.

1. Unser Wagen ist in Köln. ______________________________
2. Euer Vater ist in München. ______________________________
3. Wo ist Ihr Büro? ______________________________
4. Wo ist denn das Geld? ______________________________
5. Frau Meyer geht nach Hause. ______________________________
6. Der Hund ist intelligent. ______________________________
7. Ist die Zeitung schon da? ______________________________

C. Replace the object by a pronoun.

1. Hans liest die Zeitung. ______

2. Wir kaufen das Auto in Köln. ______

3. Ich kaufe meine Autos in München. ______

4. Er kauft den Wagen in Frankfurt. ______

5. Kennen Sie meine Freundin? ______

6. Kennen Sie diese Studenten? ______

7. Kennen Sie diese Studentin? ______

D. Express in German.

1. I know this woman.

______

2. I know this woman is Mrs. Bertram.

______

3. Hans is going to Germany in December.

______

4. Do you understand me, Mr. Meyer?

______

5. His children, two sons and three daughters, all live in Hamburg now.

______

6. I know him and his father.

______

7. I know her and her mother.

______

8. Does she know her?

______

9. I know that she knows her.

______

10. Her father knows my father.

______

Name: ______________________

Additional Exercises: Unit 3

A. Negate the following sentences; use *nicht* or *kein* as required. Don't forget the negation of *schon* and *noch.*

1. Er ist Arzt. ______________________
2. Liest er ein Buch? ______________________
3. Lesen Sie mein Buch! ______________________
4. Das ist doch ein Student. ______________________
5. Trinken Sie Bier? ______________________
6. Schläfst du schon? ______________________
7. Du bist doch noch ein Kind. ______________________
8. Er wohnt in Köln. ______________________
9. Hast du noch Geld? ______________________
10. Ist er noch zu Hause? ______________________
11. Ich habe Hunger. ______________________
12. Er braucht mich. ______________________
13. Sie ist glücklich. ______________________
14. Er hat schon ein Buch. ______________________
15. Er kommt schon. ______________________

B. Reply to the following sentences and questions. Use *doch* where possible, otherwise use *nein.*

1. Hast du denn keinen Hunger?

____

2. Schläft Hans schon?

____

3. Aber er ist doch nicht mehr hier.

____

4. Ich glaube, ich kenne ihn nicht.

____

5. Wohnen Sie immer noch in Hannover?

____

C. Restate the following sentences by using the modal indicated in parentheses.

1. Wir gehen heute abend ins Kino. (wollen)

   ____

2. Heute nehmen wir kein Taxi. (brauchen zu)

   ____

3. Jetzt essen wir erst und fahren dann ins Theater. (können)

   ____

4. Ich trinke jetzt nur eine Tasse Kaffee. (mögen)

   ____

5. Hier rauchen Sie aber nicht, Herr Meyer. (dürfen)

   ____

6. Warum fährst du denn schon wieder nach Berlin? (müssen)

   ____

7. Herr Schmidt fährt morgen nach München. (soll)

   ____

8. Erika besucht heute abend Tante Amalie. (wants to)

   ____

9. Hans tanzt leider nicht. (is able to)

   ____

10. Du trinkst doch keinen Kaffee mehr. (mustn't)

    ____

11. Er arbeitet nächsten Sonntag nicht. (need)

    ____

12. Geht ihr heute abend auch ins Theater? (would like to)

    ____

Name: ____________________

Additional Exercises: Unit 3 (Continued)

D. The stress indicated in the following sentences implies contrast of some sort. In English, indicate what contrast may be involved.

Examples:

a. Heute bleibe ich zu Hause.
(Tomorrow I'll be somewhere else.)
b. Ich bleibe heute zu Hause.
(Not tomorrow, as you thought.)

1. Ich gehe heute mit Ingrid ins Kino.

____

2. Heute gehe ich mit Ingrid ins Kino.

____

3. Ins Kino gehe ich mit Ingrid nicht.

____

4. Heute abend gehen wir ins Kino.

____

5. Wir gehen heute abend ins Kino.

____

6. Sein Sohn wohnt in Köln.

____

7. Sein Sohn wohnt auch in Köln.

____

8. Intelligent ist er nicht.

____

9. Ihn kenne ich sehr gut.

____

10. Herr Meyer ist ein Dummkopf.

____

11. Herr Lenz arbeitet in Köln.

____

12. Schläfst du schon?

____

E. Express in German.

1. It is still winter.

2. I don't need to go to the museum today.

3. I can never work at home.

4. Our train is supposed to leave at 5:06.

5. He doesn't seem to be living in Munich anymore.

6. He eats too much, and he drinks too much, too.

7. Is he home yet?—No, not yet.

8. Don't eat so much.

9. Don't be unhappy.

10. My friend (fem.) studies psychology, but I study medicine.

11. He has money all right, but intelligent he is not.

12. Please visit us in Germany next year.

13. You don't have to go to Berlin if you don't want to.

14. Why don't you want to work on Sundays?

15. He works more than I (do).

16. He has no more money than I (have).

Name: ________________________________

Additional Exercises: Unit 4

A. Replace nouns by personal pronouns.

1. Ich komme mit meiner Freundin.

____

2. Ich komme ohne meine Freundin.

____

3. Er besucht seine Freundin.

____

4. Er antwortet seiner Freundin nicht.

____

5. Er dankt seinem Freund nicht.

____

6. Er geht zu seiner Tante.

____

7. Sie geht zu ihrer Tante.

____

8. Sie wohnt bei ihrer Tante.

____

9. Sie kommt ohne ihre Tante.

____

10. Er kommt ohne seine Tante.

____

B. Complete the following sentences by using the correct personal pronouns.

1. Hier ist die Zeitung; sie ist für __________, Herr Meyer.
2. Erika ist krank; ich muß ohne __________ ins Kino gehen.
3. „Fahren Sie ohne Ihren Mann nach Casablanca?" „Ohne __________? Nie!"
4. Du Hans! Heute mußt du leider ohne __________ ins Theater gehen.
5. Fritz Müller möchte gern für __________ arbeiten, Herr Doktor.
6. Inge ist doch sehr interessant. Was hast du gegen __________?
7. Du brauchst doch nicht in ein Hotel zu gehen. Du kannst bei uns wohnen. Etwas zu essen haben wir immer für __________.

C. In the following sentences, the inner field is left empty. Fill the inner field with each of the several series of words by rearranging them in the correct word order.

1. Wir haben ______________________ ins Haus geschickt.

a. ihr, gestern, Blumen ______________________

b. die Blumen, gestern, ihr ______________________

c. sie (die Blumen), ihr, gestern ______________________

d. unserer Tante, Blumen, gestern ______________________

2. Er hat ______________________ gekauft.

a. einen Hund, mir ______________________

b. den Hund, mir ______________________

c. mir, ihn ______________________

d. seiner Frau, ein Haus in Berlin ______________________

e. seiner Frau, einen Hut, in Berlin ______________________

f. ihr, den Hut, in Berlin ______________________

g. ihr, ihn, in Berlin ______________________

D. Restate the following sentences by using the perfect tense.

1. Wir warten bis drei Uhr.

____

2. Ich muß auch arbeiten.

____

3. Wann besuchst du ihn?

____

4. Wir essen heute im Hotel Berlin.

____

5. Das will ich nicht sagen.

____

6. Wann heiratest du denn?

____

7. Was hörst du von Erika?

____

Name: ______________________________

Additional Exercises: Unit 4 (Continued)

(D. Continued)

8. Ich lasse meinen Hut heute zu Hause.

____

9. Er braucht nicht zu arbeiten.

____

10. Er schläft jeden Morgen bis zehn.

____

11. Wann siehst du sie denn wieder?

____

12. Wein trinkt er heute nicht.

____

13. Ich zwinge dich zu nichts.

____

14. Wann fährt der Zug denn ab?

____

15. Lernt diese Frau fahren?

____

16. Wann kommt sie denn wieder?

____

17. Wann fährt er denn zurück?

____

18. Wird Meyer wieder gesund?

____

19. Ist Meyer schon wieder krank?

____

E. Express in German.

1. The train to Cologne left at 4:07.

____

2. At 7:05 we'll be in Cologne.

____

3. I want to visit him tomorrow.

____

4. I wanted to visit him yesterday.

5. This house once belonged to my father.

6. Mr. Lenz, I can't believe you.

7. Why don't you want to believe me?

8. I don't have to help them.

9. I didn't have to help them.

10. They could see us, but they could not hear us.

11. Where have you been, Erika?

12. I went to the movies with my girl friend.

13. He worked yesterday, and we all helped him.

14. They went to Berlin today.

15. I bought myself the book yesterday. But I haven't read it yet.

16. Have you already read the paper?

17. No, I have not read it yet.

18. The train has not left yet.

19. I know she is no longer a child.

20. He has never had to work yet.

Name: ______________________________

Additional Exercises: Unit 5

A. Restate first in the past tense, then in the perfect.

1. Er fährt um fünf Uhr ab.

____

____

2. Wenn er viel arbeitet, bekommt er viel Geld.

____

____

3. Weißt du, wann er ankommt?

____

____

4. Ich denke oft an Weihnachten.

____

____

5. Er lädt mich oft zum Essen ein.

____

____

6. Das erfährt er nie.

____

____

7. Ingelheim passiert nie etwas.

____

____

B. Ask indirect questions for the underlined parts of the following sentences.

1. Er arbeitet in Bonn.

Ich möchte wissen, wo ______________________________.

2. Er will ihr morgen die Stadt zeigen.

Ich möchte wissen, was ______________________________.

3. Er will ihr die Stadt morgen zeigen.

Ich möchte wissen, ______________________________.

4. Er hat das Buch seinem Vater gegeben.

   Ich möchte wissen, ______________________________.

5. Er ist gestern nach München gefahren.

   Ich möchte wissen, ______________________________.

C. Form open conditions; the first sentence must become the *wenn*-clause.

1. Er kommt heute. Wir können ins Kino gehen.

   ______________________________.

2. Ich habe Zeit. Ich besuche dich gerne.

   ______________________________.

3. Ich komme nach Frankfurt. Ich möchte ins Theater gehen.

   ______________________________.

4. Ich höre von meinem Mann. Ich rufe Sie wieder an.

   ______________________________.

5. Er ist nach Düsseldorf gefahren. Er hat Peter bestimmt besucht.

   ______________________________.

D. Of the following pairs of sentences, change the second one to an infinitive with *um . . . zu.*

1. Werner hat mich gestern angerufen. Er wollte mich ins Kino einladen.

   ____

2. Der Reporter folgte ihm ins Hotel. Er wollte mit ihm sprechen.

   ____

3. Ich besuchte Ingelheim. Ich wollte seine Frau kennenlernen.

   ____

4. Ich fuhr nach Hause. Ich wollte mit Tante Amalie ins Kino gehen.

   ____

5. Ingelheim hat geheiratet. Er wollte nicht mehr allein frühstücken müssen.

   ____

Name: ____________________

Additional Exercises: Unit 5 (Continued)

E. Insert either the past (one blank) or the perfect (two blanks) of the verbs in parentheses.

1. Ingelheim ____________ mich gerade ____________. (anrufen)
2. Er ____________ mit mir frühstücken. (wollen)
3. Ich ____________ aber leider keine Zeit. (haben)
4. Wir ____________ schon lange nicht mehr in Deutschland ____________. (sein)
5. Ich ____________ damals oft an sie. (denken)
6. Professor Krummholz ____________ schon vor zehn Jahren ____________. (sterben)
7. Wir ____________ gestern abend im Regina ____________. (essen)
8. Damals ____________ Ingelheim oft zu uns. (kommen)
9. Washington ____________ nie ____________. (lügen)
10. Sein Sohn ____________ Arzt. (werden)

F. Express in German. (When do you need to use the past and when the perfect?)

1. At that time, he was visiting his friend in Berlin.

   ____

2. I didn't know he was in Berlin, too.

   ____

3. I didn't understand why she didn't want to come.

   ____

4. We would like to know why she does not drink wine.

   ____

5. Do you believe that Karl is very intelligent?

   ____

6. That he is intelligent I know.

   ____

7. But that he is very intelligent, I cannot believe.

   ____

8. If you want (me to), I'll come along to the movies.

   ____

9. You don't need to tell me how often he goes to the theater.

10. I've just read in the paper that her friend has been in Africa for three months.

Name: ______________________________

Additional Exercises: Unit 6

A. Change the following sentences to wishes starting with *Ich wollte, ...* Change from affirmative to negative, and from negative to affirmative.

1. Seine Nummer ist immer besetzt.

   Ich wollte, ______________________________
2. Ich habe mein Buch zu Hause gelassen.

   Ich wollte, ______________________________
3. Ich bin zu meiner Mutter gefahren.

   Ich wollte, ______________________________
4. Ich kann ihn nicht verstehen.

   Ich wollte, ______________________________
5. Der Winter hat schon begonnen.

   Ich wollte, ______________________________
6. Bei euch ist es so kalt.

   Ich wollte, ______________________________
7. Du hast gestern abend zu viel geredet.

   Ich wollte, ______________________________
8. Sie ruft mich nicht an.

   Ich wollte, ______________________________
9. Ich kann mir kein Buch kaufen.

   Ich wollte, ______________________________
10. Wir konnten letztes Jahr keine Reise machen.

   Ich wollte, ______________________________

B. Change to polite requests in the subjunctive, using the words in parentheses.

1. Darf ich ein Glas Wein haben? (bitte)

   ____
2. Haben Sie ein Zimmer für mich? (vielleicht)

   ____
3. Darf ich auf meinem Zimmer frühstücken? (vielleicht)

   ____
4. Können Sie mir jetzt das Frühstück bringen? (bitte)

   ____
5. Haben sie ein Buch für mich? (vielleicht)

   ____

C. Change to statements of preference, using the words in parentheses; use *würde*-forms when possible.

1. Ich bin nach Bonn gefahren. (auch gerne)

2. Hans blieb zu Hause. (gerne)

3. Ich habe meine Mutter besucht. (am liebsten)

4. Ich gehe mit einer Freundin ins Kino. (lieber)

5. Ich habe Ingrid nach Hause gebracht. (am liebsten)

Name: ______________________________

Additional Exercises: Unit 6 (Continued)

D. Change the following pairs of sentences to irreal conditions. Affirmative statements must then appear in negative form and negative statements in affirmative form. Use the first statements for the *wenn*-clause. In the conclusion, use either the subjunctive or, if possible, the *würde*-form.

1. Es regnet. Wir können jetzt nicht arbeiten.

   ____

2. Es regnet nicht. Wir können jetzt arbeiten.

   ____

3. Wir haben keine Zeit. Wir fahren morgen nicht an den Rhein.

   ____

4. Ich kann nicht arbeiten. Ich bin unglücklich.

   ____

5. Ich wohne nicht in München. Ich gehe nicht jeden Tag ins Theater.

   ____

6. Wir haben viel zu tun. Wir können nicht in die Stadt fahren.

   ____

7. Ingelheim ist nicht glücklich verheiratet. Er fährt allein nach Kairo.

   ____

8. Ich liebe dich. Ich habe dich geheiratet.

   ____

9. Ich liebe ihn nicht. Ich heirate ihn nicht.

   ____

10. Ich habe keinen Wagen. Ich kann dich nicht nach Köln bringen.

    ____

11. Tante Amalie kommt nicht. Ich brauche ihr die Stadt nicht zu zeigen.

    ____

12. Ingelheim war Soldat. Er konnte einen Kriegsroman schreiben.

    ____

13. Der Krieg ist gekommen. Ich habe nicht Medizin studiert.

    ____

14. Vater hat uns geholfen. Wir konnten heiraten.

    ____

15. Er war krank. Er brauchte nicht Soldat zu werden.

    ____

E. The following sentences contain a dependent clause introduced by *weil.* Changing the *weil*-clause into a *wenn*-clause, transform the sentences into irreal conditions.

1. Weil ich nicht soviel Geld habe wie Meyer, kann ich nicht an der Riviera wohnen.

2. Weil in Hamburg die Sonne nicht schien, bin ich nach Afrika gefahren.

3. Er kam so spät nach Hause, weil er im Kino war.

4. Weil Meyer Meyer ist, kann man nicht mit ihm sprechen.

5. Weil das Essen nicht gut war, fuhren wir nach Hause.

6. Weil er Hepatitis bekam, schickte man ihn nach Hause.

7. Wir wohnen in der Stadt, weil wir keine Kinder haben.

8. Er wurde Soldat, weil er mußte.

F. Change the following sentences to indirect discourse, starting with *Er sagte, daß . . . .* Change pronouns as appropriate.

1. Ich gehe heute abend mit meiner Freundin ins Kino.

   Er sagte, daß

2. Ich bin heute abend nicht zu Hause.

   Er sagte, daß

3. Wir haben schon ein Haus.

   Er sagte, daß

4. Ingelheim fährt nach Afrika.

   Er sagte, daß

5. Ich heiße Behrens.

   Er sagte, daß

6. Ich verstehe Sie nicht.

   Er sagte, daß

7. Ich komme zu Ihnen.

   Er sagte, daß

Name: ______________________________

Additional Exercises: Unit 7

A. Form questions for the following statements, using either *wo* or *wohin.*
1. Der Wagen steht hinter dem Haus.

____

2. Ich habe den Wagen hinter das Haus gefahren.

____

3. Der Hund schläft immer unter der Bank.

____

4. Er brachte sein Geld auf die Bank.

____

5. Köln liegt am Rhein.

____

B. Answer the following questions, using in your answers one of the prepositions that can take either the dative or accusative.
1. Wo hast du denn das Geld gefunden?

____

2. Wo warst du denn gestern?

____

3. Wo seid ihr denn gestern hingefahren?

____

4. Wo ist Vater?

____

5. Wo hast du das Buch denn hingelegt?

____

C. Supply the missing words. Pay particular attention to the correct case after prepositions.

1. Klaus hat Rosemarie ____________ Hotel angerufen.

2. Gestern war er mit ____________ in ____________ Regina-Bar.

3. Klaus will ____________ elf Uhr ____________ Hotel kommen.

4. Klaus ist schon ____________ acht Uhr auf.

5. Er ____________ Hunger und möchte bald frühstücken.

6. Nach ____________ Frühstück wollen sie in ____________ Stadt gehen.

7. Rosemarie will wissen, ______________________ das Wetter ist.

8. Das Wetter könnte nicht besser ______________________.

9. Am Abend wollen sie zusammen ______________________ Theater gehen.

10. Klaus sagte, das ______________________ eine gute Idee.

11. Ingelheim ist vor ______________________ Jahr nach Afrika gefahren.

12. Wir kamen gerade aus ______________________ Theater.

13. Wo geht ihr denn heute abend ______________________?

14. Von Mainz sind wir über ______________________ Rhein nach Frankfurt gefahren.

15. ______________________ sind denn meine Bücher?

16. Sie liegen unter ______________________ Zeitungen.

17. Erika wohnt jetzt ______________________ ihrer Tante.

18. Wenn du nicht mitgehen willst, gehe ich ohne ______________________.

19. Wenn er hier gewesen ______________________, ______________________ er mich bestimmt besucht.

20. ______________________ ich nach Berlin komme, werde ich ihn besuchen.

Name: ____________________

Additional Exercises: Unit 7 (Continued)

D. Express in German.

1. Where was he during this time?
2. He was in Switzerland because of his novel.
3. The title of his novel is The Architect's Daughter.
4. Ingelheim's novels are all very good.
5. Professor Schmidt's books are not so good.
6. The professor's books are too long.
7. I have never read one of his books.
8. Is this one of Ingelheim's stories?
9. No, it is one of the professor's stories.
10. One of the professor's sons is a friend of mine.

E. The following are incorrect phrases; rewrite them as they should be written.

1. Sie ist eine Müllers Freundinnen.
2. Er ist einer von den Freunden von mir.

   or:
3. Ist das der Frau Müller Freundin?

F. Supply the normal subjunctive forms and the indirect-discourse subjunctive forms of the verbs in parentheses. If the indirect discourse subjunctive is not possible, mark the second blank with an *X*.

If you have trouble with the subjunctive forms of strong verbs, review the lists of strong and irregular verbs. For the formation of subjunctive forms, see Analysis 110, pp. 181-184.

1. Er hat mir erzählt, daß er schon wieder in Afrika gewesen (sein). __________, __________
2. Er sagte, er (haben) seine Tochter in Kairo gesehen. __________, __________
3. Erika sagte, sie (fahren) bald wieder nach Hause. __________, __________
4. Ali sagte, Erich (geben) ihm jedes Jahr fünf Goldstücke. __________, __________
5. Herr und Frau Meyer sagten, sie (kaufen) wieder einen Mercedes. __________, __________
6. Wir sagten Erich, daß wir bald wiederkommen (werden). __________, __________
7. Wir sagten ihm, wir (sein) bald wieder da. __________, __________

Name: ______________________________

Additional Exercises: Unit 8

A. Each of the following incomplete sentences contains a blank for a relative pronoun. Fill in the correct forms.

1. Die zwei Fußabdrücke, __________ wir neben dem Haus fanden
2. Die Gefühle, mit __________ ich vor ihr stand
3. Die Menschen, von __________ wir sprachen
4. Viele Gedanken, __________ man schon bei Platon findet
5. Die Geschichte, __________ er nun erzählte
6. Die Eltern, __________ Kinder aufs Gymnasium gehen
7. Mein Freund, durch __________ ich sie kennengelernt habe
8. Seine Frau, für __________ er den Mercedes gekauft hat
9. Der Garten, in __________ wir saßen
10. Menschen, __________ man gerne hilft
11. Ein Mädchen, __________ Vater sie nicht versteht
12. Ein Mädchen, __________ Mutter sie nicht versteht
13. Eine Frau, __________ jeder gerne hilft
14. Gott, ohne __________ Wissen nichts geschieht
15. Ein Buch, mit __________ Sie zufrieden sein werden
16. Der Tisch, __________ neben der Tür stand
17. Das Haus, von __________ ich gerade sprach
18. Inge, __________ damals erst achtzehn war
19. Das Land, durch __________ wir fuhren
20. Die Mädchen, __________ ich kenne
21. Das Kind, __________ Vater bei meinem Mann im Büro arbeitete
22. Werner, __________ damals schon dreißig war
23. Der Roman, von __________ du mir erzählt hast
24. Die Stadt, in __________ wir wohnen
25. Die Sachen, __________ mir gehören
26. Schmidts, ohne __________ Hilfe ich nie gesund geworden wäre
27. Ein Tag, __________ ich nie vergessen kann

28. Kinder, __________ Väter sie nicht verstehen

29. Die Stadt, in __________ wir fuhren

30. Die Stadt, durch __________ wir gingen

B. In the following sentences, supply *als, ob, wann,* or *wenn.*

1. Hermann schrieb, es sähe so aus, ______ hätte Erich das Geld gestohlen.

2. Warum hast du denn nichts gesagt, ______ du wußtest, daß Anton hier in Berlin war?

3. Ich stand gerade vor Erichs Zimmer, ______ er mit Hermann telefonierte.

4. Ich kann Ihnen leider nicht sagen, ______ Ingelheims Romane auch in England erschienen sind.

5. Wir waren gerade nach Hause gekommen, ______ Gerda anrief.

6. Können Sie mir sagen, ______ der Zug in Köln ankommt?

C. Express in German.

1. a. I am waiting for my son.

____

b. I am waiting for him.

____

c. I am not waiting for her, I am waiting for her mother.

____

d. I am not waiting for you.

____

e. I am waiting for her to come.

____

f. I am waiting for her father to come home.

____

2. a. Why don't you invite him?

____

b. Why haven't you invited him?

____

c. I'd like to invite him.

____

d. May I invite you to dinner?

____

Name: ______________________________

Additional Exercises: Unit 8 (Continued)

(C. Continued)

e. May I invite you to go to the movies with us?

____

f. I have invited him to go to the movies with us.

____

g. It would be nice if we invited him to go to the movies with us.

____

____

3. a. Thank you, Mr. Meyer.

____

b. Did you thank Mr. Meyer?

____

c. Did you thank him for the book?

____

d. I should like to thank you, Mr. Meyer.

____

e. I should like to thank you again for having done so much for us.

____

____

D. Express in German.

1. Until yesterday I had heard nothing from him.

____

2. When they had eaten, they were already over the Atlantic.

____

3. Every time she picked me up at the airport she had to wait for a long time.

____

____

4. He acted as if I were his secretary and not his wife.

____

5. I can't give you more than I have given him.

____

6. If we had not stopped in front of Ali's house, Erich would have died.

7. If I hadn't seen the footprints, I wouldn't have been afraid.

8. Writers who haven't been in the war shouldn't write about the war.

9. Hermann, in whose house I was supposed to live, was the director of a bank in Hamburg.

10. She looked as if she hadn't slept well.

11. He showed us the picture of a girl who was at least eighteen.

12. Of that I would never have thought.

13. We were standing in front of the door, and we knew that somebody stood behind it.

14. May I invite you to a cup of tea?

15. Can you think of something with which I could make her happy?

16. I'm so tired tonight; I don't want to read.

17. Although I had never met him, I knew who he was.

18. My wife became very restless, because she thought she had forgotten the keys.

19. When I went to bed, he wasn't home yet; he didn't come home until four o'clock.

20. He had not slept well and wanted to go to bed early.

Name: ______________________

Additional Exercises: Unit 9

A. Rewrite the following sentences containing subjective modals by using introductory statements like *Ich glaube, daß . . . , Ich höre, daß . . . , Es war möglich, daß . . . .* Watch for the correct tense.

Examples:
a. Er muß schon zu Hause sein.
Ich glaube, daß er schon zu Hause ist.
b. Er könnte nach Berlin gefahren sein.
Es ist möglich, daß er nach Berlin gefahren ist.

1. Anita soll in Rom studiert haben.
____
2. Ingelheim will General gewesen sein.
____
3. Er könnte ja auch General gewesen sein.
____
4. Es muß schon sehr spät sein.
____
5. Er mag wohl zu viel gegessen haben.
____
6. Damals muß er sehr glücklich gewesen sein.
____

B. Change the present infinitives to past infinitives.
1. Er muß schon um sechs Uhr hier sein.
____
2. Inge scheint Englisch zu lernen.
____
3. Das kann er ihr doch nicht sagen.
____
4. Er muß den Brief heute bekommen.
____
5. Man braucht nicht zu studieren, um hier arbeiten zu können.
____

C. Change from present indicative to present subjunctive and add *eigentlich* in the place indicated by / . Then translate these sentences into English.
1. Ich muß / einmal mit ihm reden.

a. ______________________

b. ______________________

2. Ihr sollt / Russisch lernen.

a. ______________________________

b. ______________________________

3. Du kannst mir / eine Tasse Kaffee machen.

a. ______________________________

b. ______________________________

4. Ich soll / morgen in Berlin sein.

a. ______________________________

b. ______________________________

5. Ich darf / keinen Wein trinken.

a. ______________________________

b. ______________________________

D. Change from past indicative to past subjunctive. Add *eigentlich* in the place indicated by / .

1. Damals sollte ich / den Meyer heiraten.

____

2. Er mußte / schon längst zu Hause sein.

____

3. Sie durfte / nicht an die Nordsee fahren.

____

4. Er mußte / ins Krankenhaus.

____

5. Du brauchtest / nicht bei Nacht nach München zu fahren.

____

E. In the following sentences, change the modals from indicative to subjunctive. Add *eigentlich* when appropriate.

1. Sie war krank und mußte im Bett bleiben.

____

2. Ich darf keinen Kaffee trinken.

____

3. Damals hatte ich viel Geld; wenn ich wollte, konnte ich jedes Jahr an die Riviera fahren.

____

____

4. Wenn Tante Amalie ins Museum gehen wollte, mußte ich natürlich mitgehen.

____

____

Name: ______________________________

Additional Exercises: Unit 9 (Continued)

F. Express the following ideas by using the proper form of modals.
1. He claims to have known my father.

____

2. He claimed to be a physician.

____

3. I hear that he has gone to Africa again.

____

4. We can assume that he has stayed here.

____

5. It isn't possible that he stayed there.

____

G. Change into contrary-to-fact conditions, first with *wenn* and then without *wenn.*
1. Weil ich nie Soldat gewesen bin, kann ich natürlich keine Kriegsromane schreiben.

a. ______________________________

b. ______________________________

2. Weil er mich nicht richtig verstanden hat, hat er wahrscheinlich einen Fehler gemacht.

a. ______________________________

b. ______________________________

3. Weil Ingelheim keine Hepatitis hatte, mußte er wieder Soldat werden.

a. ______________________________

b. ______________________________

H. Change the following statements to wishes contrary to fact, using either *doch nur* or *doch nur nicht* and starting with *wenn* and then without *wenn.*

Example:
Er ist nach Italien gefahren.
a. Wenn er doch nur nicht nach Italien gefahren wäre.
b. Wäre er doch nur nicht nach Italien gefahren.

1. Wir sind gestern abend ins Theater gegangen.

a. ______________________________

b. ______________________________

2. Ich habe zu viel Kaffee getrunken.

a. ______________________________

b. ______________________________

3. Schwimmen hatte sie leider nie gelernt.

a. ______________________________

b. ______________________________

I. Express in German.

1. Yes, I know them. I got to know them in Mainz before the war.

2. I won't drive back until tomorrow; I wanted to drive home this morning already, but then Tante Amalie invited me to supper (Abendessen).

3. He doesn't seem to be at home. Where can he be? He can't have gone to the movies yet.

4. You should have sent the letter to me immediately.

5. I must have slept a few hours when the phone rang.

6. If I didn't have to go out tonight, I would rather stay home in this rain.

7. You really ought not to act as if you knew everything. (Use *so* in front of *tun*.)

8. Dr. Schmidt was at the Meyers' too; you must have met him there.

Name: ______________________

Additional Exercises: Unit 10

A. Insert the correct form of *gut* into each one of the following sentences.

1. Ich möchte ein __________ Buch lesen.
2. __________ Bücher sind immer interessant.
3. Mit einem __________ Buch wird die Zeit nie lang.
4. Es gibt nicht viele __________ Bücher hier.
5. Wo hast du denn all die __________ Bücher her?
6. So ein __________ Buch findet man nicht oft.
7. Manches __________ Buch liest kein Mensch.
8. Hätten Sie vielleicht noch ein anderes __________ Buch?
9. Von was für __________ Büchern sprichst du denn?
10. Ich habe diese Woche mehrere __________ Bücher gelesen.

B. Change the underlined phrases to the singular and make other corresponding changes.

1. Kennst du die alten Herren da drüben?

____

2. Die beiden jungen Mädchen sind meine Schwestern.

____

3. Alle jungen Menschen sollten einmal ins Ausland fahren.

____

4. Sind das die neuen Maschinen?

____

5. Ihre langen Briefe habe ich sofort beantwortet.

____

6. Meyers sind alte Freunde von mir.

____

C. In the following sentences, insert an appropriate *der-* or *ein-*word (if necessary) and the correct form of the adjective in parentheses.

1. Er brachte mir __________ Wasser. (kalt)
2. Er hält sich für ______ __________ Mann. (groß)

3. Ich hätte gern etwas ____________ Obst. (frisch)

4. Du hast in ______ ____________ Zeit zu viel gearbeitet. (letzt)

5. Bei ____________ Wetter bleiben wir zu Hause. (schlecht)

6. Wegen ______ ____________ Nebels konnten wir in Frankfurt nicht landen. (stark)

7. Barbara war die Mutter ______ ____________ Kinder. (beid)

8. In ____________ ____________ ____________ Städtchen gibt es keine Hotels. (klein, alt)

D. Express in German.

1. We paid good money for that.

____

2. How expensive is your new car?

____

3. Her long letter arrived only yesterday.

____

4. I don't like to write long letters. (Use *gern*.)

____

5. She wrote him many long letters.

____

6. During the last war he was in Norway.

____

7. Did you drive to Italy with that old car?

____

8. For this old car he wants three thousand marks.

____

9. Every large German city has at least one theater.

____

10. All really good wines are expensive.

____

Name: ______________________________

Additional Exercises: Unit 10 (Continued)

E. Express in German.

1. What kind of man did she marry?

____

2. To what kind of man is she married?

____

3. I don't know what kind of cars those (*das*) are.

____

4. To (*auf*) what kind of school did you go?

____

5. You don't know what a beautiful girl Rosemary is.

____

6. I didn't know what a dumbbell he is.

____

7. Why didn't you tell me what an interesting husband she has?

____

8. What interesting people one can meet in Casablanca!

____

9. What kind of shoes are you taking along?

____

F. Insert the words italicized in the first sentence as adjectives into the second sentence.

1. Die Goldstücke waren *verschwunden.* Niemand wußte, wo die ____________________ Goldstücke waren.
2. Er hatte einen langen Brief an sie *angefangen,* aber weil er nichts mehr von ihr hörte, ließ er den ____________________ Brief einfach liegen.
3. Ingelheim war in Afrika *verschwunden,* aber nach vierzehn Tagen kam der in Afrika ____________________ Ingelheim plötzlich zurück.
4. Meine Tante ist nach Amerika *ausgewandert.* Von meiner nach Amerika ____________________ Tante haben wir nie wieder etwas gehört.

G. Change the italicized inflected form of the verb into a *-d* adjective and insert it into the second sentence.

1. Die Menschen *hungerten.* Man sah viele ____________________ Menschen.
2. Jedesmal, wenn sie ihn sah, *klopfte* ihr das Herz. Mit ____________________ Herzen sah sie ihn kommen.
3. Wir *sprechen* hier alle Deutsch. Es ist gut, wieder einmal unter Deutsch ____________________ Menschen zu sein.

4. Ihre Augen *leuchteten.* In ihren ______________ Augen las er die Antwort auf seine Frage.

H. Express in German.

1. Many young men went to war (*ziehen in*), but only few came back healthy.
2. Some have everything, and many have nothing.
3. A few went home, others stayed.
4. Yesterday was such a beautiful day.
5. On such a beautiful day one shouldn't work.
6. I think quite differently about that.
7. He has become quite a different person (*Mensch*).
8. Other people (*Mensch*) think differently.
9. She has done much good.
10. At that time we had little to eat.
11. Now we can eat as much as we want.
12. Could you give me some cigarettes? I've left mine at home.
13. We had to wait for several hours.
14. I don't want to have anything to do with such people.
15. Where do all these people come from?
16. They didn't all come.
17. Not all Germans speak (a) good German.
18. Only few Americans speak German well.
19. He was such a good husband.

Name: ______________________

Additional Exercises: Unit 11

A. Each of the following sentences contains one error. Rewrite the sentences and correct the mistakes.

1. Er hat mir nach Berlin zu kommen versprochen.
2. Erich kam gerade aus dem Haus herein.
3. Meyer hat sich ein Haus gebaut lassen.
4. Es hat zu regnen geschienen.
5. Ali hatte nie zu lesen lernen müssen.
6. Hans ist viel mehr interessant als Erich.
7. Hans arbeitet viel mehr dann Erich.
8. Mir gefällt Die Frau mit dem Flamingo der beste.
9. Ingrid ist nicht so groß als ich.
10. Plötzlich ist das Licht hinausgegangen.

B. Express in German.

1. He walked along beside her.
2. The lights went out.
3. Did you go out last night?
4. When we walked into the hotel, he was just coming out.
5. Where are you coming from?
6. He went to the movies without taking me along.
7. He went to the movies without my knowing it.
8. I've never thought of staying here so long.

9. Dr. Schulz allowed me to stay in Munich.

10. You forgot to call me last night, Alfred.

11. We were astonished to hear that Alfred had married Annemarie.

12. Gabriele said that Michael was simply not to be found.

C. Change the adjectives to superlatives.
1. Hier bei uns ist das Wetter gut.

2. Gerhard hat viel gegessen.

3. Ich esse gern Wiener Schnitzel.

4. Im Dezember sind die Tage kurz.

5. Ist in München das Bier wirklich billig?

D. Connect the following sentences with *um . . . zu, statt . . . zu,* or *ohne . . . zu.*
1. Er fuhr nach Afrika. Er schrieb einen Roman. (um)

2. Er gab den Wagen seinem Sohn. Er hat ihn nicht verkauft. (statt)

3. Er war eine Woche in München. Er ist nicht ins Theater gegangen. (ohne)

4. Er fuhr schon am Samstag weg. Er blieb nicht bis Sonntag. (statt)

5. Er kam nach Hamburg. Er wollte mich besuchen. (um)

E. Express in German.
1. He suggested that we should send our son to Rome.

2. He said that he had heard a woman scream.

3. I'd like to know why she has never learned to drive.

4. You ought to stay home tonight instead of going to the movies.

5. You shouldn't have left the car (standing) in front of the house.

Name: ______________________________

Additional Exercises: Unit 12

A. Restate the following sentences by using the subject in parentheses. Be sure to distinguish between dative and accusative reflexives.

1. Hat er sich endlich beruhigt? (du)

   ____

2. Er hat sich noch nicht rasiert. (ich)

   ____

3. Was hat er sich wohl dabei gedacht? (du)

   ____

4. Ich hoffe, sie hat sich nicht erkältet. (ich)

   ____

5. Warum setzen Sie sich denn nicht? (wir)

   ____

6. Das bildet er sich nur ein. (du)

   ____

7. Er hat sich die Haare schneiden lassen. (ich)

   ____

8. Haben Sie sich verletzt? (du)

   ____

9. Sie hat sich den Arm gebrochen. (ich)

   ____

10. Er hat sich noch nicht vorgestellt. (ich)

    ____

B. Restate the following sentences containing a statal present by using the corresponding perfect of the reflexive.

1. Bist du schon angezogen?

   ____

2. Sind die Kinder schon gebadet?

   ____

3. Er ist sehr gut vorbereitet.

   ____

4. Ist sie jetzt beruhigt?

   ____

5. Ich bin jetzt so an dieses Haus gewöhnt.

____

C. Restate the following sentences by replacing the reflexives by a statal present.

1. Ich habe mich noch nicht umgezogen.

2. Weißt du schon, daß Meyers sich haben scheiden lassen?

3. Jetzt habe ich mich endlich einmal ausgeschlafen.

4. Ich habe mich einfach überarbeitet.

5. Haben Sie sich jetzt endlich davon überzeugt?

D. Express in German by using a reflexive verb.

1. I've decided to go to Italy this summer.

2. I think I've caught a cold.

3. I just can't get used to it.

4. He told me that I had changed, but he himself had changed, too.

5. Had he prepared himself well?

E. Change the following sentences to imperative sentences, using *doch mal* in the inner field.

1. Haben Sie Meyers Telefonnummer? (Use *geben.*)

2. Haben Sie schon nachgesehen, wo Meyer jetzt wohnt?

3. Wie wäre es denn, wenn du das Auto in die Garage führest?

Name: ____________________

Additional Exercises: Unit 12 (Continued)

F. Change the following imperatives to the *du*-form. Use *du* only when *Sie* is underlined.

1. Bleiben Sie doch ruhig noch ein paar Tage.
2. Fahren <u>Sie</u> doch mit an die Nordsee.
3. Also, fangen wir an!
4. Gehen wir doch nach Hause!
5. Sprechen Sie doch mal mit ihm.
6. Sprechen <u>Sie</u> doch mal mit ihm.
7. Laden Sie ihn doch mal ein.
8. Fliegen Sie doch das nächste Mal mit der Lufthansa.
9. Lernen Sie ihn erst mal etwas besser kennen, dann können Sie ihn auch verstehen.
10. Laufen Sie doch nicht so schnell!
11. Schreiben Sie mir bitte.
12. Stehen Sie doch bitte mal auf.
13. Vergessen Sie nicht, mich anzurufen.
14. Versprechen Sie mir, daß Sie bald wiederkommen.
15. Tun Sie doch nicht so, als ob Sie alles wüßten.

16. Reden Sie nicht so viel.

17. Wünschen Sie mir Glück; ich brauche es.

18. Holen Sie mich bitte am Bahnhof ab.

19. Nun erzählen Sie mir mal, wie es war.

20. Bitte lachen Sie nicht darüber!

G. Change the following imperatives to indirect discourse, starting with *Er sagte, ...*

1. Ruf mich doch bitte morgen an.

2. Reg dich nicht so auf.

3. Schlaft euch endlich einmal aus.

4. Wünschen Sie mir Glück; ich brauche es.

5. Werde doch endlich einmal vernünftig.

Name: ______________________

Additional Exercises: Unit 13

A. Change the following sentences from the active voice to the actional passive. Do not change the tense. Omit the subject of the active sentence.

Example:
Man brachte ihn zurück.
Er wurde zurückgebracht.

1. Das Baden hat man hier leider verboten.

____

2. Man hat ihn überall gelobt.

____

3. Man hat ihn in London gesehen.

____

4. Man hatte uns gar nicht erwartet.

____

5. Hier kann man uns nicht beobachten.

____

6. Den Dieb hat man nie gefunden.

____

7. Nichts hatte man vergessen.

____

8. Man hat ihn gestern der Königin vorgestellt.

____

9. Man konnte ihn leider nicht erreichen.

____

10. Warum hat man ihn denn nicht eingeladen?

____

11. Man erwartet mich zum Frühstück.

____

12. Man soll ihn schon gestern erwartet haben.

____

13. Man soll ihn in London gesehen haben.

____

14. Man wird mich wohl nach Hamburg schicken.

____

15. Man wird ihn wahrscheinlich nicht eingeladen haben.

____

16. Darüber haben wir jetzt genug geredet.

____

17. Von seinem ersten Roman sprach man damals überall.

____

18. Wir haben das noch nie versucht.

____

19. Man bewundert ihn immer noch.

____

B. In the following sentences, supply either a form of *werden* or a form of *sein.*

1. Das Haus soll schon verkauft ________________.
2. Ich wußte gar nicht, daß du morgen auch bei Meyers eingeladen ________________.
3. Frau Meyer hat etwas gegen meine Frau; von denen ________________ wir bestimmt nie eingeladen.
4. Kommst du auch, Emma? Oder ________________ du nicht eingeladen.

LABORATORY EXERCISES

UNIT 1

1.1 Listen and repeat (Patterns, groups 1-4). After each sentence there will be a pause for you to repeat the sentence. You will then hear the sentence again. When you first listen to these sentences, keep your book open and follow the text. Then listen to them again with your book closed until you no longer have any difficulty saying each sentence with the speaker's intonation and at normal speed. Follow this procedure with all "listen-and-repeat" exercises.

[1] Es regnet.
Wir kommen.
Er kommt schon.
Er braucht es.
Ihr glaubt es.
Er wohnt hier.

[2] Sie hat Hunger.
Das ist Frau Meyer.
Das ist Herr Meyer.
Wir brauchen Regen.
Wir arbeiten heute.
Wir bleiben heute zu Hause.
Wir brauchen alle Geld.

[3] Sie kommt.
Er hat Geld.
Sie lernen Deutsch.
Er ist in Köln.
Er wohnt in Berlin.
Das glaube ich auch.
Ich studiere Medizin.
Ich bin Student.

[4] Vater ist hier!
Du bist's!
Meyer kommt morgen.

1.2 Listen and repeat (Patterns, groups 5-6).

[5] Sie geht schon wieder nach Deutschland.
Übrigens gehen wir nächstes Jahr nach Deutschland.
Sonntags gehen wir natürlich in die Kirche.

[6] Wo bist du denn?
Was hast du denn?
Wo wohnt er denn?
Wann kommt er denn?
Wo wohnt ihr denn?
Wo arbeiten Sie?
Wann kommst du denn nach Hause?
Wann kommt ihr denn nach Köln?
Wo ist denn die Zeitung?
Wo ist Frau Mann?
Wer ist denn das?

1.3 Dictation.

1.4 Listen and repeat (Patterns, groups 7-9).

[7] Hast du Hunger?
Lernst du auch Deutsch?
Lernst du auch Deutsch?
Ist die Zeitung schon hier?
Ist Frau Bertram schon hier?
Geht ihr Sonntag in die Kirche?
Kommst du morgen abend?
Regnet es in Köln?

[8] Du wohnst auch in München?
Er arbeitet jetzt in München?
Ihr arbeitet heute?
Ihr arbeitet heute?
Ihr braucht Geld?
Erika ist hier?
Erika ist hier in Köln?

[9]		
Natürlich	bleibe	ich morgen abend zu Hause.
Ich	bleibe	morgen abend natürlich zu Hause.
Morgen abend	bleibe	ich natürlich zu Hause.
Wir	gehen	natürlich Sonntag morgen in die Kirche.
Natürlich	gehen	wir Sonntag morgen in die Kirche.
Sonntag morgen	gehen	wir natürlich in die Kirche.
Übrigens	gehen	wir Sonntag abend ins Kino.
Wir	gehen	übrigens Sonntag abend ins Kino.
Sonntag abend	gehen	wir übrigens ins Kino.

1.5 Dictation.

1.6 You will hear six sentences. In the first pause after each sentence, repeat the sentence. You will then hear the sentence again. In the second pause, switch word order by starting your own sentence with the last unit of the sentence you hear. You will then hear the sentence with the new word order.

You hear:	Wir arbeiten heute.
You say:	Wir arbeiten heute.
You hear again:	Wir arbeiten heute.
You say:	Heute arbeiten wir.
You hear:	Heute arbeiten wir.

1.7 You will now hear yes-or-no questions. In the pauses, give AFFIRMATIVE answers. After the pause, you will hear the answers that were expected of you. In the answers, substitute pronouns for personal names.

You hear:	Ist Herr Lenz in Köln?
You say:	Ja, er ist in Köln.

1.8 Now we want to find out whether you can form that yes-or-no question to which the statement you hear is the answer. For instance, the statement *Ja, er hat Geld* is the answer to the question *Hat er Geld?* and it is this question which you are to form.

You hear: Ja, er hat Geld.
You say: Hat er Geld?
You then hear: Hat er Geld?—Ja, er hat Geld.

1.9 You will hear ten short sentences. Change each assertion to a question by changing intonation. Do not change word order.

You hear: Meyer ist intelligent.
You say: Meyer ist intelligent?

1.10 Listen and repeat (Patterns, group 10).

Herr Meyer hat zwei Büros, ein Büro in Köln, und ein Büro in Bonn.
Schmidts haben zwei Kinder. Der Sohn heißt Peter, und die Tochter heißt Sylvia.
Meyers haben zwei Söhne. Sie heißen Paul und Gerhardt.
Müllers haben zwei Töchter.—Wie heißen sie denn?—Sie heißen Andrea und Ingrid.
Wir bleiben zwei Jahre in Deutschland.
Wir bleiben zwei Tage in Berlin.
Sind Herr Schmidt und Herr Müller schon hier?—Ja, Herr Doktor, die Herren sind schon hier.
Der Mann arbeitet in München. Die Männer arbeiten alle in München.
Frau Meyer und Frau Schmidt sind zu Hause. Die zwei Frauen bleiben heute zu Hause.

1.11 You will hear eight sentences with a noun in the singular. Change these nouns to the plural and make corresponding changes in the verb forms.

1.12 Listen and repeat (Conversation). You will hear the two conversations of Unit 1. At first, each section will be spoken in its entirety, but rather slowly. Thereafter, each sentence will be spoken separately. Repeat each sentence. You will then hear the whole section again, but at normal speed.

I

SCHMIDT (answering the telephone): Alfred Schmidt!

MEYER: Hier Meyer. Guten Morgen, Herr Schmidt! Also, Sie sind noch in Hamburg! Wie ist denn das Wetter in Hamburg?

SCHMIDT: Hier in Hamburg regnet es, schon seit Sonntag. Und kalt ist es auch.

MEYER: Hier in Köln regnet es auch! Kommen Sie heute zurück?

SCHMIDT: Nein, heute noch nicht! Aber morgen! Morgen um elf bin ich im Büro.

MEYER: Gut, also dann bis morgen!

II

KURT: Ja Erika! Was tust du denn hier in Köln?

ERIKA: Was ich hier in Köln tue? Ich studiere hier Medizin. Hans studiert auch hier in Köln.

KURT: So! Studiert Hans auch Medizin?

ERIKA: Nein, Hans studiert Mathematik!

KURT: Wohnt ihr auch hier in Köln?

ERIKA: Ja, ich wohne hier in Köln. Aber Hans wohnt noch in Bonn.

UNIT 2

2.1 Listen and repeat (Patterns, groups 2-4).

[2] Ich weiß, er kennt mich.
Du weißt, er kennt dich.
Er weiß, ich kenne ihn.
Sie weiß, er kennt sie.
Wir wissen, er kennt uns.
Ihr wißt, sie kennen euch.
Sie wissen, wir kennen sie.
Sie wissen, er kennt Sie.

[3] A: Erikas Mann heißt Max. Kennst du ihn?

B: Nein, ich kenne ihn nicht.

A: Aber ich weiß, er kennt dich.

B: Nein, er kennt mich nicht.

A: Wagners Frau heißt Irene. Kennst du sie?

B: Nein, ich kenne sie nicht.

A: Aber sie sagt, sie kennt dich.

B: Nein, sie kennt mich nicht.

[4] Das ist mein Mann.
Ist das dein Sohn?
Peter ist sein Sohn.
Peter ist ihr Sohn.

Das ist unser Sohn.
Ist das euer Sohn?
Ihr Sohn heißt Peter.

Ist das Ihr Sohn, Herr Klein?

Das ist meine Frau.
Ist das deine Tochter?
Gabriele ist seine Tochter.
Gabriele ist ihre Tochter.

Das ist unsere Tochter.
Ist das eure Tochter?
Ihre Tochter heißt Gabriele.

Ist das Ihre Tochter, Herr Klein?

Das ist mein Haus.
Ist das dein Kind?
Das ist sein Kind.
Das ist ihr Kind.

Das ist unser Haus.
Ist das euer Haus?
Das ist ihr Haus.

Ist das Ihr Haus, Herr Klein?

Meine Söhne wohnen in Lübeck.
Wo wohnen denn deine Töchter jetzt?
Seine Freundinnen wohnen jetzt alle in Wien.
Ihre Freundinnen wohnen auch alle in Wien.

Unsere Kinder wohnen in Mannheim.
Wo wohnen denn eure Kinder jetzt?
Jetzt wohnen ihre Kinder in Salzburg.
Wo wohnen Ihre Freunde denn jetzt, Herr Lehmann?

Ich brauche meinen Wagen, und ihr braucht euren Wagen.
Du brauchst deinen Wagen, und wir brauchen unseren Wagen.
Er braucht seinen Wagen, und sie brauchen ihren Wagen.

Ich lese mein Buch, und du liest dein Buch.
Du liest dein Buch, und er liest sein Buch.
Er liest sein Buch, und sie liest ihr Buch.
Sie liest ihr Buch, und wir lesen unsere Bücher.

Wir lesen unsere Bücher, und ihr lest eure Bücher.
Ihr lest eure Bücher, und sie lesen ihre Bücher.

2.2 Listen and repeat (Patterns, group 5). You will again hear each conversation in its entirety first; then it will be repeated sentence by sentence for you to repeat; and finally you will hear it again at normal speed.

ERNST: Hast du einen Freund hier in München?

FRITZ: Natürlich habe ich einen Freund hier in München, und eine Freundin habe ich auch.

FRAU MEYER: Frau Schmidt, Sie kennen doch Frau Hoffmann! Kennen Sie auch ihren Mann?

FRAU SCHMIDT: Ja, ihr Mann arbeitet für meinen Mann.

HANS: Was liest du denn da, Erika?

ERIKA: Ein Buch!

HANS: Ist es interessant?

ERIKA: Ja! Ein Student liebt eine Studentin.

HANS: Und sie? Liebt sie ihn auch?

ERIKA: Nein, diese Studentin liebt ihren Professor.

HANS: Und er, der Professor?

ERIKA: Der Professor ist ein Dummkopf und liebt nur seine Bücher!

2.3 Dictation.

2.4 Listen and repeat (Patterns, group 6).

Sie	lernt	doch jetzt	fahren.
Jetzt	lernt	sie doch	fahren.
Wann	lernt	sie denn	fahren?
Hoffentlich	lernt	sie jetzt	fahren.
Sie	lernt	jetzt hoffentlich	fahren.
Jetzt	lernt	sie hoffentlich	fahren.
Der Zug	fährt	um 6 Uhr 5 (sechs Uhr fünf)	ab.
Um 6 Uhr 5	fahren	wir	ab.
Wo	fährt	denn der Zug nach Köln	ab?
Wann	fährst	du denn	ab?
	Fährt	der Zug jetzt	ab?
Meyers	fahren	schon um sechs Uhr	ab.
Morgen	fahre	ich doch	nach Berlin.
Leider	fahre	ich morgen doch	nach Berlin.
Ich	fahre	morgen leider	nach Berlin.
Meyer	ist	leider	ein Dummkopf.
Leider	ist	Meyer	ein Dummkopf.

Seine Frau	ist	gottseidank	intelligent.
Gottseidank	ist	seine Frau	intelligent.
Gottseidank	ist	seine Frau auch	intelligent.
Gottseidank	ist	seine Frau auch	intelligent.

2.5 The sentences you will now hear all contain a compound verb and therefore, at the end of the sentence, a second prong. After hearing each sentence, repeat it by exchanging the unit in the front field with the first unit in the inner field. You will then hear the sentence as it was expected of you.

You hear: Jetzt mache ich das Licht an.
You say: Ich mache jetzt das Licht an.

2.6 Dictation.

2.7 You will now hear the Conversation section. At first it will be spoken in its entirety. Thereafter, each sentence will be spoken separately and slowly. Repeat each sentence during the pause that follows.

ER: Weißt du was, Inge? Erika ist hier in Frankfurt!

SIE: Erika? Was tut denn Erika hier in Frankfurt?

ER: Sie sagt, sie braucht einen Sportwagen!

SIE: Einen Sportwagen! Einen Wagen hat sie schon, und jetzt braucht sie einen Sportwagen! Ja, ja, sie hat alles, und wir haben nichts!

ER: Aber Inge! Wer hat denn alles? Du glaubst, Erika hat alles. Aber ich weiß, Erika ist unglücklich. Erika weiß es auch! Sie glaubt, sie hat nichts.

SIE: Aber Geld hat sie! Ist Geld „nichts"?

ER: Geld ist viel. Aber Geld ist nicht alles. Wir sind Studenten. Studenten haben doch nie Geld! Aber ich bin glücklich, und du bist hoffentlich auch glücklich. Natürlich hat Erika Geld. Sie ist doch jetzt Frau Fischer. Frau Dr. Anton Fischer! Warum bist du übrigens nicht Frau Fischer? Du weißt doch, Anton—

SIE: Ich? Frau Fischer? Antons Frau? Nein! Nie!

2.8 You will now hear the Reading section.

Frau Lenz kommt zu Frau Bertram:

FRAU B: Guten Morgen, Frau Lenz! Gut, daß Sie kommen! Was machen Sie heute abend? Ich glaube, ich gehe ins Kino.

FRAU L: Ins Kino!

FRAU B: Ja, ich brauche heute abend nicht zu arbeiten, und da bleibe ich natürlich nicht zu Hause.

FRAU L: So! Sie gehen ins Kino! Ich gehe nie ins Kino.

FRAU B: Warum kommen Sie nicht mit ins Kino! Frau Hoffmann—kennen Sie Frau Hoffmann?—Frau Hoffmann kommt auch mit.

FRAU L: Ja, Frau Hoffmann kenne ich. Aber ins Kino? Ich weiß nicht. Hermann und ich, wir gehen nie ins Kino. Er sagt, wir haben kein Geld. Aber ich glaube, er bleibt lieber zu Hause und liest die Zeitung.

FRAU B: Wo ist er denn heute? Wann kommt er denn heute nach Hause?

FRAU L: Heute kommt er spät nach Hause. Er arbeitet heute in Bonn.

FRAU B: In Bonn! Das ist doch gut. Wir drei, Sie, Frau Hoffmann und ich, gehen ins Kino; und er arbeitet in Bonn.

FRAU L: Gut, Frau Bertram. Wir gehen alle drei ins Kino.

UNIT 3

3.1 Listen and repeat (Patterns, groups 1-5).

[1] Dieses Jahr bleiben wir zu Hause.
Aber nächstes Jahr fahren wir nach Deutschland.
Nächstes Jahr fahren wir aber nach Deutschland.
Kommst du heute, oder kommst du morgen?
Alle Menschen sind egoistisch; denn jeder Mensch will glücklich werden.
Meyers fahren nach Köln, und wir fahren nach München.

[2] Wohnen Sie in Köln?
Sie wohnen doch in Köln, nicht wahr?
Sie wohnen doch in Köln, nicht?

[3] Ich kenne hier auch nicht einen Menschen.
Meyers haben fünf Töchter, aber auch nicht einen Sohn.

[4]

Hildegard hat Geld.	Hildegard hat kein Geld.
Ich trinke Wein.	Du trinkst keinen Wein.
Sie haben ein Haus.	Sie haben kein Haus.
Er hat eine Frau.	Er hat keine Frau.
Sie ist ein Kind.	Sie ist kein Kind.
Sie haben einen Sohn, Frau Meyer?	Nein, wir haben keinen Sohn. Wir haben auch keine Tochter.
Trinken Sie Bier?	Nein, ich trinke kein Bier.

[5]

Er braucht mich.	Er braucht mich nicht.
Hast du mein Buch?	Nein, ich habe dein Buch nicht.
Vater ist gottseidank wieder gesund.	Vater ist leider nicht gesund.
Ich weiß, Inge ist seine Tochter.	Ich weiß, Inge ist nicht seine Tochter.
Sonntags gehen wir ins Kino.	Sonntags gehen wir nicht ins Kino.
Natürlich bleibe ich heute abend zu Hause.	Natürlich bleibe ich heute abend nicht zu Hause.
Hoffentlich kommt sie morgen wieder.	Hoffentlich kommt sie morgen nicht wieder.

3.2 Listen and repeat (Patterns, group 6).

Regnet es immer noch?	Nein, es regnet nicht mehr.
Er ist schon zu Hause.	Er ist noch nicht zu Hause.
Er ist noch zu Hause.	Er ist nicht mehr zu Hause.
Wir wohnen noch immer in München.	Wir wohnen nicht mehr in München.
Ist er immer noch krank?	Nein, er ist nicht mehr krank.
Haben wir noch Bier?	Nein, wir haben kein Bier mehr.
Sie ist noch ein Kind.	Sie ist kein Kind mehr.
Sie ist immer noch ein Kind.	
Sie ist noch immer ein Kind.	
Du bist doch noch ein Kind, Inge.	Nein, Mutter, ich bin kein Kind mehr.
Ich bin doch kein Kind mehr, Mutter.	Du bist noch ein Kind.
Er ist noch Student.	Er ist kein Student mehr.

Er ist schon Arzt. — Er ist noch kein Arzt.
Er ist noch nicht Arzt.

Ich habe noch einen Bruder. — Ich habe keinen Bruder mehr.
Ich habe noch einen Bruder.

3.3 You will now hear eight questions. Starting with *Nein,* give a negative answer to each question. In your answer put the main syntactical stress on the first prong.

You hear: Hast du einen Hund?
You say: Nein, ich habe keinen Hund.

3.4 Listen and repeat (Patterns, group 7).

Meine Frau sagt, sie braucht mehr Geld.
Meine Frau braucht mehr Geld als ich.
Frau Meyer braucht viel Geld, aber Herr Meyer braucht noch mehr Geld als sie.

Er arbeitet mehr als ich.
Er weiß mehr, als er sagt.
Er hat mehr Geld, als er braucht.
Ich habe nur zehn Mark; ich habe leider nicht mehr.
Das kostet nicht mehr als fünf Mark.
Ich habe nicht mehr Geld als du.

3.5 You will now hear fifteen affirmative sentences. Negate these sentences by using *nicht* without shifting the position of any of the syntactical units.

You hear: Erikas Vater ist gesund.
You say: Erikas Vater ist nicht gesund.

3.6 Listen and repeat (Patterns, group 8).

Fahren Sie heute nach Düsseldorf? — Nein, ich fahre erst morgen.
Fahren Sie nicht nach Düsseldorf? — Doch, natürlich fahre ich nach Düsseldorf.

Trinken Sie Kaffee, Frau Schmidt? — Nein, ich trinke keinen Kaffee.
Trinken Sie keinen Kaffee? — Doch, natürlich trinke ich Kaffee.

Haben Meyers schon Kinder? — Ja, einen Sohn und eine Tochter.
Haben Meyers noch keine Kinder? — Doch, einen Sohn und eine Tochter.

Gehst du heute abend ins Kino? — Ja, mit Inge.
Gehst du heute abend nicht ins Kino? — Doch, aber nicht wieder mit Inge.

3.7 Listen and repeat (Patterns, groups 9-14).

[9] Ich kann heute kommen.
Ich kann heute nicht kommen.

Kannst du heute kommen?
Kannst du heute nicht kommen?

Kann Herr Bauer heute arbeiten?
Nein, er kann heute nicht arbeiten.

Wir können das Haus kaufen.
Wir können das Haus nicht kaufen.

Ihr könnt das Geld morgen haben.
Ihr könnt das Geld morgen noch nicht haben.

Sie können jetzt das Licht ausmachen.
Sie können doch noch nicht das Licht ausmachen.

[10] Ich muß arbeiten.
Ich brauche nicht zu arbeiten.

Du mußt kommen.
Du brauchst nicht zu kommen.

Er muß morgen nach Wien fahren.
Er braucht morgen nicht nach Wien zu fahren.

Wir müssen morgen leider arbeiten.
Wir brauchen morgen nicht zu arbeiten.

Ihr müßt Tante Amalie besuchen.
Ihr braucht sie nicht zu besuchen.

Sie müssen jetzt das Licht ausmachen.
Sie brauchen das Licht noch nicht auszumachen.

Warum wollen Sie denn bei dem Regen nach Hamburg fahren?—Ich muß!

Sie sagen, Sie arbeiten auch sonntags? Das brauchen Sie aber nicht.
Sie arbeiten heute? Müssen Sie das?

[11] Ich will heiraten.
Willst du jetzt schlafen?
Sie will immer Kaffee trinken.
Wir wollen heute abend ins Kino gehen.
Wann wollt ihr denn heiraten?

Sie wollen arbeiten.

Ich will noch nicht heiraten.
Willst du jetzt nicht schlafen?
Sie will keinen Kaffee mehr trinken.
Wir wollen heute abend nicht ins Kino.
Warum wollt ihr denn noch nicht heiraten?
Sie wollen nicht mehr soviel arbeiten.

[12] Ich soll heute abend zu Hause bleiben.
Aber Hans! Du sollst doch keinen Kaffee trinken.
Sie soll sonntags nicht mehr arbeiten.
Was sollen wir denn tun?
Warum sollt ihr ihn denn schon wieder besuchen?
Herr Meyer, Sie sollen morgen nach Hannover fahren.

[13] Ich möchte jetzt nichts essen; ich möchte schlafen.
Möchtest du Frau Meyer kennenlernen?—Er möchte Arzt werden.—Sie möchte nächstes Jahr heiraten.—Wir möchten nächstes Jahr heiraten.—Wann möchtet ihr denn heiraten?—Alle Menschen möchten glücklich werden.
Ich möchte eine Tasse Kaffee trinken.—Möchten Sie auch eine Tasse Kaffee?
Möchtest du heute abend nicht ins Kino gehen?—Nein, ich möchte wirklich zu Hause bleiben.
Sie brauchen das Buch nicht zu lesen, wenn Sie nicht wollen.—Aber ich möchte es lesen.

[14] Ich darf ihn nicht besuchen.—Ich darf ihn noch nicht besuchen.—Ich darf ihn nicht mehr besuchen.
Darfst du Kaffee trinken?—Darf er jetzt wieder Kaffee trinken?
Dürfen wir euch morgen besuchen?—Dürft ihr uns besuchen?
Sie dürfen ihn nicht besuchen.

3.8 You will hear ten sentences followed by the infinitive of a modal. Restate these sentences, using the proper form of the modal.

You hear: Ich gehe nach Hause. (müssen)
You say: Ich muß nach Hause gehen.

3.9 You will hear fifteen affirmative sentences or questions. Negate them by using either *kein* or *nicht.*

You hear: Er scheint Geld zu haben.
You say: Er scheint kein Geld zu haben.

You hear: Er scheint gesund zu sein.
You say: Er scheint nicht gesund zu sein.

3.10 Listen and repeat (Patterns, groups 15-17).

[15]	Ich	möchte	das Buch			lesen.
	Ich	möchte	das Buch	nicht		lesen.
	Ich	darf	Kaffee			trinken.
	Ich	darf	keinen Kaffee			trinken.
	Morgen	kann	sie ihren Mann	noch nicht		besuchen.
	Wir	dürfen	sonntags	nicht mehr		arbeiten.
	Er	scheint	jetzt			zu schlafen.
	Er	scheint	jetzt	nicht		zu schlafen.
	Er	kann		nicht mehr		schlafen.
	Er	scheint		noch nicht		zu schlafen.
	Warum	brauchst	du morgen	nicht		zu arbeiten?
	Seine Frau	scheint	wirklich	nicht	intelligent	zu sein.
	Das	muß			seine Frau	sein.
	Das	kann	doch	nicht	seine Frau	sein.
	Das	scheint			seine Frau	zu sein.
	Das	scheint		nicht	seine Frau	zu sein.
	Erika	möchte	heute abend	nicht	zu Hause	bleiben.
	Ich	möchte	sie		wieder-	sehen.
	Ich	möchte	sie	nicht	wieder-	sehen.
	Ich	möchte	sie wirklich		kennen-	lernen.
	Ich	brauche	sie	nicht	kennen-	zu-lernen.

[16] Du fährst morgen nach Italien? Ich kann nicht nach Italien fahren.
Hast du Geld? Ich habe kein Geld.
Trinken Meyers Kaffee?—Sie ja, aber er nicht.
Ist er intelligent oder interessant?—Intelligent ist er, aber interessant ist er nicht.
Ich höre, dein Bruder studiert Psychologie. Was studierst du?—Ich studiere Medizin.
Kennen Sie Fritz Enders, Frau Hollmann?—Nein, seine Mutter kenne ich gut, aber ihn kenne ich nicht.
Warum gehst du nie mit Inge ins Kino? Sie ist doch so intelligent. —Ja, intelligent ist sie.
Warum gehst du so oft mit Inge ins Kino? Ist sie intelligent?—Nein, intelligent ist sie nicht.

[17] Das ist Wasser. Das ist kein Wasser. Wasser ist das nicht.
Wir trinken Wein. Wir trinken keinen Wein. Wein trinken wir nicht.
Meyers haben einen Sohn. Meyers haben keinen Sohn. Einen Sohn haben Meyers nicht.
Wir gehen ins Kino. Nein, wir gehen nicht ins Kino. Ins Kino gehen wir nicht.
Er ist intelligent. Er ist nicht intelligent. Intelligent ist er nicht.
Du fährst morgen nach München? Nein, ich fahre morgen nicht nach München. Nein, ich fahre morgen nicht nach München. Nein, nach München fahre ich morgen nicht.

3.11 You will hear ten affirmative sentences with only one strongly stressed syllable. By shifting the element with this strongly stressed syllable into the front field and using a stressed *nicht* for negation, pronounce these sentences with contrast intonation.

You hear: Sie hat Geld.
You say: Geld hat sie nicht.

3.12 You will now hear ten negative statements with contrast intonation. In each case, the subject follows the inflected verb. Repeat the negative statement, but start your sentence with the subject.

You hear: Ein Dummkopf ist Meyer nicht.
You say: Meyer ist kein Dummkopf.

3.13 Listen and repeat (Patterns, group 18).

Arbeiten Sie nicht soviel!
Bleiben Sie doch hier!
Gehen Sie doch nach Hause!
Kommen Sie doch morgen!
Lernen Sie Deutsch!
Sagen Sie doch etwas!
Seien Sie nicht so egoistisch!
Tun Sie das doch bitte nicht!
Machen Sie bitte das Licht an!
Kaufen Sie doch einen Volkswagen!
Schlafen Sie gut!
Lassen Sie mich allein!

3.14 Listen and repeat (Conversations I and II). First, you will hear each conversation spoken at normal speed. Then it will be spoken again with pauses for you to repeat each sentence. Finally, you will hear the conversation again, this time at a somewhat slower speed. Try to read along with the speakers.

3.15 Now you will hear the two poems on pages 62 and 63. Each will be read twice, by different speakers.

Horst Bienek: Klatsch am Sonntagmorgen.
Franz Mon: der tisch ist oval.

UNIT 4

4.1 Listen and repeat (Patterns, groups 5-6).

[5] Das ist mein Wagen. Der gehört mir.
Das ist deine Uhr. Die gehört dir.
Das ist sein Auto. Das gehört ihm.
Das ist ihr Hut. Der gehört ihr.
Das ist unsere Zeitung. Die gehört uns.
Das ist euer Haus. Das gehört euch.
Das ist Ihr Hund. Der gehört Ihnen.

Das sind meine Zeitungen. Die gehören mir.
Das sind deine Häuser. Die gehören dir.
Das sind seine Hüte. Die gehören ihm.
Das sind unsere Zeitungen. Die gehören uns.
Das sind eure Häuser? Die gehören euch?
Das sind ihre Hüte. Die gehören ihnen.
Das sind Ihre Blumen. Die gehören Ihnen.

[6]	Wem	gehört	das Haus da?
	Das	gehört	Frau Schulz.
	Wem	gehören	denn diese Häuser hier?

Das da	gehört	mir.
So? Das	gehört	dir?
Frau Schmidt sagt, das Auto	gehört	ihr.
Nein, es	gehört	uns.
	Gehört	dieses Auto euch?
Nein, es	gehört	Frau Bertram.
Was? Dieses Auto	gehört	Ihnen, Frau Bertram?

4.2 Restate the following assertions and questions by using the verb *gehören.*

You hear: Das ist dein Wagen.
You say: Er gehört dir.

4.3 Listen and repeat (Patterns, groups 8-10).

[8] Das ist interessant.
Das ist mir interessant.

Er ist böse.
Er ist mir böse.

Sie ist zu jung.
Sie ist mir zu jung.

Ist Ihnen das recht, Frau Meyer?
Natürlich ist mir das recht.
Ist das Ihrem Mann recht, Frau Meyer?
Natürlich ist ihm das recht.

[9]	Wir müssen	durch	die Stadt fahren.
	Herr Lenz arbeitet	für	meinen Vater.
	Hast du etwas	gegen	mich?
	Ich muß	ohne	ihn fahren.
	Ich kann	ohne	dich nicht leben.

[10]	Woher kommst du?	Aus dem Kino!
		Aus der Stadt!
	Wir sind alle hier	außer meinem Vater.
		außer ihm.
		außer Ihnen, Herr Lenz.
	Hans ist heute	bei seinem Vater.
		bei seiner Mutter.
		bei uns.
	Mit wem gehst du ins Kino?	Mit Frau Hoffmann!
		Mit ihr!
		Mit der?
	Wann wollt ihr denn heiraten?	Nach dem Kriege!
	Er fährt	nach Österreich.
		nach Hause.
		nach Amerika.

Ich komme heute sehr spät nach Hause.—Wann?—Um neun.
Wie spät ist es jetzt?—Zehn nach sechs.

Seit wann bist du denn hier?	Seit einer Stunde!
	Seit drei Wochen!
	Seit einem Jahr!

Von wem hast du das Buch? Von meinem Bruder!
Von meiner Tante!
Ich habe es von meinem Vater!

Wohin gehst du? Zu meinem Vater!
Zu ihm!
Zur Universität!
Zu meiner Tante!
Zum Essen!

4.4 Listen and repeat (Patterns, groups 11-12).

[11] Ich gebe meiner Frau eine Uhr.
Ich gebe ihr eine Uhr.
Ich gebe die Uhr meiner Frau.
Ich gebe sie meiner Frau.
Ich gebe ihr die Uhr.
Ich gebe sie ihr.

Was willst du denn deiner Mutter schicken?
Ich glaube, ich schicke ihr Blumen.
Was willst du denn mit diesen Blumen hier machen?
Die schicke ich meiner Mutter.
Ich glaube, ich schicke sie meiner Mutter.
Ich glaube, ich schicke diese Blumen meiner Mutter.

Fritz möchte seiner Freundin ein Buch schicken.
Was will Fritz seiner Freundin schicken?
Ein Buch!
Er will ihr ein Buch schicken!
Wem will Fritz das Buch schicken?
Seiner Freundin!
Er will das Buch seiner Freundin schicken.
Er will es seiner Freundin schicken.

[12]	Ich	habe	Physik			studiert.
	Was	haben	Sie			studiert?
	Ich	habe	ihren Vater	nicht		gekannt.
	Er	hat	sie	nie		geliebt.
	Wir	haben	Frau Meyer			gesehen.
	Wir	haben	Sie	nicht		verstanden.
	Warum	haben	Sie mich	nicht		verstanden?
	Ich	habe	gestern			arbeiten müssen.
	Ich	habe	gestern	nicht		zu arbeiten brauchen.
	Er	hat	noch nie			arbeiten wollen.
	Ich	habe	ihn leider	nicht		besuchen dürfen.
	Ich	habe	gestern	nicht	zu Hause	bleiben wollen.
	Er	ist	heute morgen			gestorben.
	Wir	sind	gestern abend			gekommen.
	Der Zug	ist	schon		ab-	gefahren.
	Warum	seid	ihr heute		zu Hause	geblieben?
	Sie	ist	schon		nach Hause	gegangen.
	Meyer	ist	schon immer		ein Idiot	gewesen.

Wer hat denn gestern Tante Amalie zum Bahnhof gebracht?
Wer hat denn Tante Amalie gestern zum Bahnhof gebracht?
Wer hat sie denn gestern zum Bahnhof gebracht?
Warum hast du sie denn nicht zum Bahnhof gebracht?

Herr Kunz hat seiner Frau in Frankfurt ein Auto gekauft.
Er hat seiner Frau das Auto in Frankfurt gekauft.
Er hat ihr das Auto in Frankfurt gekauft.
Er hat es ihr in Frankfurt gekauft.
Nein, in Berlin hat er es ihr nicht gekauft.

4.5 You will hear short sentences in the present tense. Repeat these sentences in the perfect tense.

You hear: Ich lese.
You say: Ich habe gelesen.

4.6 Listen and repeat (Patterns, groups 13-14).

[13] Meyer ist heute morgen nach Österreich gefahren?—Nein, er ist schon gestern gefahren.
Kennen Sie Frau Lehmann?—Ja, die habe ich vor einem Jahr in München kennengelernt.
Was habt ihr denn gestern abend gemacht? Wir sind gestern abend ins Kino gegangen.
Sie wollen nach Wien fahren? Da kommen Sie zu spät. Der Zug nach Wien ist schon vor einer Stunde abgefahren.
Nun bist du also endlich in Oberammergau, Tante Amalie. Hast du heute nacht gut geschlafen?—Ich habe überhaupt nicht geschlafen. Der Wirt hat seine Kuh direkt unter meinem Zimmer. Und die Kuh hat die ganze Nacht gemuht. Außerdem habe ich gestern abend zuviel Kaffee getrunken.

[14] Meine Eltern wohnen in Hannover, und das ist ziemlich weit von hier. Sie haben uns dieses Jahr erst einmal besucht, und wir haben sie noch nie besucht. Wir haben nämlich keinen Wagen. Mein Vater hat auch keinen Wagen. Er hat nie fahren gelernt. Und er meint, jetzt ist er zu alt.
Sind Sie und Ihre Frau schon einmal in die Schweiz gefahren, Herr Kruse?—Nein, bis jetzt noch nicht.
Letztes Jahr sind wir nur dreimal in die Oper gegangen.
So, deine Mutter will uns schon wieder besuchen? Aber Inge! Sie hat uns dieses Jahr doch schon dreimal besucht.—Sie hat uns nicht schon dreimal besucht. Sie hat uns erst dreimal besucht.
Wie oft sind Sie letztes Jahr nach Frankfurt geflogen?—Nicht einmal. (Nur zweimal.)
Wie oft sind Sie dieses Jahr schon nach Frankfurt geflogen?—Noch gar nicht. (Schon zweimal; Erst zweimal.)
So? Fritz studiert jetzt Mathematik? Er hat doch immer Arzt werden wollen.
Natürlich studiert Fritz Medizin. Er hat doch schon immer Arzt werden wollen.

4.7 Listen and repeat (Patterns, group 15).

Kennen Sie Zürich?—Ja, ich habe zwei Jahre lang in Zürich gewohnt, vor dem Kriege.
Hast du Erika schon besucht?—Ja, aber erst gestern. Ich habe lange nicht gewußt, wo sie wohnt.
Ich bin damals Atheist gewesen und habe lange nicht an Gott geglaubt. Aber heute weiß ich: ohne Gott kann man nicht leben.
Wie geht's denn Herrn Meyer?—Oh, jetzt geht's ihm wieder gut. Aber letztes Jahr ist er monatelang krank gewesen und hat lange nicht arbeiten können.

4.8 Dictation.

4.9 Conversation.

4.10 Reading.

Viel Lärm um nichts? (Kapitel 2).
Peter Otto Chotjewitz: Reisen.

UNIT 5

5.1 Listen and repeat (Patterns, groups 2-3). After hearing and repeating each sentence, you will hear, in German, the new subject indicated in your text. Repeat the sentence again, but this time with the new subject.

You hear: Leider glaubte sie mir nicht.
You say: Leider glaubte sie mir nicht.
You hear: du
You say: Leider glaubtest du mir nicht.

[2] Leider glaubte sie mir nicht.
Nach dem Krieg heiratete er ein Mädchen aus Kiel.
Damals brauchte ich nicht so oft nach Bremen zu fahren.
Die Tochter lachte gerade wie ihr Vater.
Wir machten damals oft Reisen.
Vor dem Krieg lebte Ingelheim in Berlin.
Rosemarie studierte damals in Göttingen.

[3] Ich konnte gestern leider nicht kommen; ich mußte zu Hause bleiben.
Er wollte nicht mit Tante Amalie ins Museum gehen.
Warum wolltest du denn nicht ins Theater gehen?
Warum mußtet ihr denn nach Mannheim fahren?
Hans sollte mir helfen, aber er wollte nicht.
Wir wollten mitgehen, aber wir durften nicht.

5.2 Listen and repeat (Patterns, groups 4-5).

[4] Ich fahre heute nach Berchtesgaden; gestern hatte ich keine Zeit.
Warum hattest du denn keine Zeit?
Herr Lenz hatte auch keine Zeit. Wir hatten alle zu viel zu tun.
Was, ihr hattet keine Zeit?
Sie hatten alle zu viel zu tun.
Hatten Sie gestern auch so viel zu tun, Herr Lohmann?

[5] Herr Lenz ist heute in Saarbrücken.—Gestern war er in Trier.
Wo warst du gestern, Inge?—Ich war in Frankfurt.
Ist Fritz heute auch hier?—Nein, er war gestern hier; heute ist er in Frankfurt.
Wir waren gestern auch in Frankfurt.—Wo wart ihr gestern?
Wo waren Sie denn, Herr Lenz?

5.3 You will now hear sentences in the present tense. Change these sentences to the past tense and add *damals.*

You hear: Es regnet sehr oft.
You say: Es regnete damals sehr oft.

5.4 Listen and repeat (Patterns, group 6). You will again hear, in German, the new subject indicated in the text.

Ich rief sie damals jede Woche an.
Ich bekam jede Woche drei Briefe von ihr.

Sonntags blieb er immer zu Hause.
Damals brachte ich sie jeden Abend nach Hause.
Sie luden uns oft zum Essen ein.
Wir aßen damals oft im Regina.
Er fuhr jeden Sommer in die Alpen.
Wir fanden ihn in der Regina-Bar.
Ich gab ihm jede Woche zwanzig Mark.
Sonntags gingen wir nie ins Kino.
Wir halfen ihm damals oft bei seiner Arbeit.
Damals hieß sie noch Schmidt.
Ich kannte sie gut.
Er kam immer spät nach Hause.
Wir ließen unsere Kinder zu Hause.
Er lief nach Hause.
Ich dachte damals oft an sie.
Er schien mich nicht zu kennen.
Er schlief oft bis elf.
Sie schrieb ihm jede Woche drei Briefe.
Ich saß im Garten und las ein Buch.
Von Irmgard sprach er nie.
Er stand vor dem Kino und wartete auf mich.
Leider trank er.
Und dann tat er jahrelang gar nichts.
Er starb drei Jahre später.
Jeden Sommer verschwand er für eine Woche.
Sie verstand ihn einfach nicht.
Sie wurde Ärztin.
Sie wußte nichts von seiner Reise.

5.5 You will again hear sentences in the present tense. Change to the past tense and add *damals.*

You hear: Sie bleiben zu Hause.
You say: Sie blieben damals zu Hause.

5.6 Listen and repeat (Patterns, groups 8-9).

[8] Ich weiß, daß er Geld hat.
Ich weiß, daß er Geld hatte.
Ich weiß, daß er Geld gehabt hat.

Ich weiß nicht, ob Fritz mit dem Auto zum Bahnhof fährt.
Ich wußte, daß er immer mit dem Auto zur Arbeit fuhr.
Ich glaube nicht, daß er mit dem Auto zum Bahnhof gefahren ist.

Ich möchte, daß du morgen vernünftig bist.
Ich hoffe, daß du gestern vernünftig warst.
Ich weiß, daß du immer vernünftig gewesen bist.

Wissen Sie, ob Meyers hier wohnen?
Wir wußten, daß Meyers da wohnten.
Wie soll ich wissen, wo Meyers gewohnt haben?

Weiß er, daß er dir helfen soll?
Er wußte, daß er mir helfen sollte.

[9] Als ich ihn kennenlernte, war er gerade aus Afrika zurückgekommen.
Er bekam die Gelbsucht, weil er zuviel gegessen hatte.

Wir wußten nicht, daß er Soldat geworden war.
Er war zwei Jahre lang in Norwegen gewesen, als man ihn an die Westfront schickte.
Als ich Hans nach dem Krieg wiedersah, war er Schriftsteller geworden.

5.7 You will hear ten statements. Repeat these statements by starting them with *Ich weiß, daß . . .*

You hear: Er bleibt heute abend zu Hause.
You say: Ich weiß, daß er heute abend zu Hause bleibt.

5.8 Listen and repeat (Patterns, group 10).

Wenn ich kann, komme ich.
Ich fahre nur nach Casablanca, wenn du auch fährst.
Wenn Herr Büttner schon hier ist, schicken Sie ihn zu mir.
Wenn du kein Geld hast, helfe ich dir gerne.
Ich trinke nie Wein, wenn ich Auto fahren muß.

5.9 You will hear ten pairs of short sentences. Combine these pairs into open conditions, always beginning with *Wenn.*

You hear: Er kommt. Er ist um vier Uhr hier.
You say: Wenn er kommt, ist er um vier Uhr hier.

5.10 You will hear ten short sentences like *Ich gehe ins Kino.* Transform these into open conditions by inserting *nur* before the second prong—*Ich gehe nur ins Kino*—and adding: *wenn du auch ins Kino gehst.*

You hear: Ich fahre nach Köln.
You say: Ich fahre nur nach Köln, wenn du auch nach Köln fährst.

5.11 Conversation. You will hear the conversation twice, the first time at normal speed, the second time a little more slowly so that you can read along with the speakers.

5.12 Reading. Kapitel 3 und Kapitel 5.

UNIT 6

6.1 Listen and repeat (Patterns, group 1).

Ich glaube, ich werde sie nie wiedersehen.
Diesen Sonntag werde ich nie vergessen.
Diesen Sonntag werde ich leider nie vergessen können.
Nein, Herr Harms, ich werde es nicht vergessen. Ich werde Sie morgen um 9 Uhr 10 anrufen.
Gertrud ist schon vor einer Stunde abgefahren, also wird sie jetzt schon lange zu Hause sein.
Ich möchte wissen, warum Peter mich immer noch nicht angerufen hat; ob er mir böse ist?—Warum soll er dir böse sein? Er wird (wohl) noch schlafen.
Den Helmut habe ich schon wochenlang nicht gesehen. Wo kann der denn nur sein?—Er wird wieder in Essen arbeiten müssen.

6.2 Change the following sentences to the future tense.

You hear: Ich fahre morgen nach Berlin.
You say: Ich werde morgen nach Berlin fahren.

6.3 Listen and repeat (Patterns, groups 2-4).

[2] Ich wollte, ich hätte heute abend nicht so viel gegessen. Aber leider habe ich zuviel gegessen.
Ich wünschte, Ingelheim hätte gestern abend nicht nur von seinen Brieftauben geredet. Von seinen Kriegsromanen hat er gar nicht gesprochen.
Es wäre nett gewesen, wenn du meinen Geburtstag nicht wieder vergessen hättest. Aber natürlich hast du ihn wieder vergessen.
Wenn wir doch nur an die Ostsee gefahren wären. Warum sind wir eigentlich nicht an die Ostsee gefahren?
Wenn wir doch nur zu Hause geblieben wären. Müllers waren vernünftig. Die sind zu Hause geblieben.

[3] Wenn sie mir geschrieben hätte, hätte ich ihr auch geschrieben.
Natürlich hätte ich ihr geschrieben, wenn sie mir geschrieben hätte.
Wenn es gestern nicht geregnet hätte, hätten wir in den Schwarzwald fahren können. Aber es hat geregnet, und wir konnten nicht in den Schwarzwald fahren.
Nein, wir wären nicht so bald nach Hause gefahren, wenn das Essen nicht so schlecht gewesen wäre. Und das Essen war wirklich sehr schlecht.
Wenn Ingelheim nicht von Gisela geredet hätte, wäre seine Frau nicht zu ihrer Mutter gefahren.

[4] Meyers hätten gerne ein Mädchen gehabt, aber jetzt haben sie wieder einen Jungen.
Ich wäre viel lieber in den Zoo gegangen. Aber Tante Amalie wollte ins Museum.
Wir wären gestern abend am liebsten zu Hause geblieben. Aber Kellers hatten uns Karten für den "Sommernachtstraum" geschickt. Und da konnten wir natürlich nicht zu Hause bleiben.

6.4 Change the following statements to wishes in the past subjunctive.

You hear: Er hat mir nicht geschrieben.
You say: Ich wollte, er hätte mir geschrieben.

6.5 You will hear three pairs of sentences. Change each pair into an irreal *wenn*-clause with past subjunctive.

You hear: Sie hat mir nicht geschrieben.
Ich habe ihr auch nicht geschrieben.
You say: Wenn sie mir geschrieben hätte, hätte ich ihr auch geschrieben.

6.6 Listen and repeat (Patterns, groups 5-6).

[5] Ich wünschte, ihr würdet endlich heiraten. Wie lange wollt ihr denn noch warten?
Es wäre gut, wenn meine Frau endlich fahren lernen würde.
Ich wollte, wir würden endlich einen Fernseher kaufen.
Wenn Ingelheim doch nur aufhören würde, immer von seinen Brieftauben zu reden.

[6] Professor Schnarf würde nie zugeben, daß er auch nicht alles weiß.
Ich würde gerne einmal drei Wochen mit dir verschwinden. Aber haben wir so viel Zeit?
Am liebsten würde ich ein Mädchen wie Ursula heiraten. Aber leider ist sie schon verheiratet.
Wir würden ja viel lieber in München wohnen. Aber mein Mann arbeitet ja hier in Augsburg.

6.7 Listen and repeat (Patterns, groups 7-9).

[7] Wenn wir doch nur wenigstens ein Mädchen hätten.
Wenn du doch nur nicht immer so pessimistisch wärst.
Es wäre nett, wenn wir nächstes Jahr wieder nach Tirol fahren könnten.
Ich wollte, Meyer müßte auch jeden Tag acht Stunden arbeiten.
Ich wollte, deine Tochter dürfte uns einmal besuchen.

[8] Wenn wir wollten, könnten wir auch jedes Jahr in die Alpen fahren. Aber wir wollen gar nicht.
Wenn ich nicht so allergisch gegen Katzen wäre, hätten wir auch eine Katze.
Nein, Dr. Möllenhoff hat mir nicht verboten zu schwimmen. Ich dürfte jeden Tag schwimmen, wenn ich wollte, nur radfahren darf ich nicht.
Ich wäre glücklich, wenn ich jeden Tag in die Stadt fahren müßte. Ich bin viel zu viel allein.

[9] Du hast recht. Ich sollte nicht so viel rauchen.
Du hast recht. Ich müßte jeden Tag eine halbe Stunde schwimmen.
Wir hätten viel lieber ein Haus mit einer Terrasse. Dann könnten wir im Sommer auf der Terrasse schlafen.
Natürlich könnten wir dieses Haus in der Stadt verkaufen und ein Landhaus kaufen. Aber dann wärst du eine "grüne Witwe" und genau so unglücklich wie deine Freundin.

6.8 Listen and repeat (Patterns, groups 10-12).

[10] Ich wünschte, das Haus gehörte uns.
Wäre es nicht nett, wenn das Haus uns gehörte (gehören würde)?
Es wäre wirklich sehr nett, wenn Sie uns morgen die Stadt zeigten (zeigen würden).
Wenn ich doch nur wüßte, ob mein Mann noch lebt.
Wenn doch nur endlich die Sonne wieder schiene (scheinen würde).
Ich wünschte, du gingst nicht jeden Abend erst nach zwölf ins Bett (du würdest nicht jeden Abend erst nach zwölf ins Bett gehen).

[11] Wenn mein Mann stürbe, müßte ich zu meiner Mutter ziehen.
Wenn wir keinen Hund und keine Kinder hätten, fänden wir sofort eine Wohnung (würden wir sofort eine Wohnung finden).
Wenn du wüßtest, was ich weiß, hättest du auch Angst.

[12] Ich würde Lieselotte sofort heiraten. Aber sie will mich nicht.
Wen würde sie denn heiraten?—Das hat sie mir nicht gesagt.
Es ist wirklich kalt heute abend. Ich ließe meinen Mantel nicht zu Hause (würde meinen Mantel nicht zu Hause lassen).
Wenn Kufners ins Kino gehen, lassen sie ihre Kinder einfach allein zu Hause. Wir würden unsere Kinder nie allein lassen.
Du willst Günter DM 200 für ein Motorrad leihen? Nein, das täte ich nicht (würde ich nicht tun).
Du willst Ulrich anrufen? Ich riefe ihn nicht an (würde ihn nicht anrufen). Ich würde warten, bis er anruft.
Wollen Sie nicht einmal an die Front, Ingelheim?—Nein, ich würde lieber wieder Brieftauben füttern. Die tun einem nichts.
Ich weiß, du gingst viel lieber mit Erika ins Kino (würdest viel lieber mit Erika ins Kino gehen). Und du lädst mich nur ein, weil du sie ärgern willst.
Würdest du es mir wirklich sagen, wenn du es wüßtest?—Ich weiß nicht, ob ich es dir sagen würde.

6.9 You will hear ten short sentences in the indicative. Restate these sentences as wishes starting with *Ich wollte.* Use first the present subjunctive and then the past subjunctive.

You hear: Er ist hier.
You say: Ich wollte, er wäre hier.
You say: Ich wollte, er wäre hier gewesen.

6.10 You will hear ten wishes contrary to fact in the present time. Repeat the sentences and add a statement about the actual facts in the present indicative, starting with *aber*. Change affirmative to negative, and negative to affirmative statements.

You hear: Ich wollte, du wärst hier.
You say: Ich wollte, du wärst hier, aber du bist nicht hier.

6.11 Listen and repeat (Patterns, groups 13-14).

[13] Wenn Dora nicht hätte nach München fahren müssen, hätte Schulz sie nie kennengelernt.
Wenn du nicht hättest kommen können, wäre ich sehr unglücklich gewesen.
Wenn er gestern abend nicht hätte zu Hause bleiben müssen, hätte er mit uns ins Kino gehen können.

[14] Könnte (Kann) ich noch eine Tasse Kaffee haben?
Guten Abend! Hätten (Haben) Sie vielleicht noch ein Zimmer frei?
Könnten (können) Sie mir vielleicht sagen, ob die Maschine aus Hamburg schon angekommen ist?
Dürfte ich Sie bitten, mir den Wein ins Haus zu schicken?
Guten Morgen! Könnten Sie mir bitte Zimmer 6 geben? Danke schön!
Könnten (Würden) Sie mich morgen um zehn anrufen?
Haben Sie noch ein Zimmer frei? Ich hätte gern ein Zimmer mit Bad.

6.12 Listen and repeat (Patterns, groups 15-18).

[15] Hans sagte: ,,Mein Vater bleibt noch in Salzburg.''
Hans sagte, sein Vater bliebe noch in Salzburg.
Hans sagte, sein Vater würde noch in Salzburg bleiben.

Frau Lenz sagte: ,,Ulrike wohnt nicht mehr in Bremen.''
Frau Lenz sagte, du wohntest nicht mehr in Bremen.
Frau Lenz glaubte, du würdest wohl nicht mehr in Bremen wohnen.

Inge sagte: ,,Erika fährt morgen nach Nürnberg.''
Inge sagte, Erika führe morgen nach Nürnberg.
Inge sagte, Erika würde morgen nach Nürnberg fahren.
Inge sagte, daß Erika morgen nach Nürnberg führe.
Inge sagte, daß Erika morgen nach Nürnberg fahren würde.

Meyer sagte, seine Frau lernte jetzt fahren.
Meyer sagte, er studierte Anthropologie.
Meyer sagte, er wollte seinen Vater besuchen.
Meyer sagte, er müßte morgen arbeiten.
Meyer sagte, er brauchte nicht nach Köln zu fahren.
Meyer sagte, der Film wäre sehr gut.
Meyer sagte, das wäre ihm recht.
Meyer sagte, Erika hätte heute keine Zeit.
Meyer sagte, er ginge mit Inge ins Kino.
Meyer sagte, sie kämen heute sehr spät nach Hause.

[16] Er fragte: „Ist dein Vater heute abend zu Hause?"
Er fragte, ob mein Vater heute abend zu Hause wäre.
Er fragte: „Wohin geht ihr heute abend zum Essen?"
Er fragte, wohin wir heute abend zum Essen gingen.
Er fragte: „Kommt Fritz morgen?"
Er wollte wissen, ob Fritz morgen käme.

Er fragte, ob ich krank wäre.
Er fragte, ob wir das Haus in Wiesbaden kaufen wollten.
Er fragte, ob er mich zum Bahnhof bringen dürfte.
Er fragte mich, warum ich denn nicht mit nach Bern führe.
Er wollte wissen, ob Maria zu Hause wäre.
Er wollte wissen, warum Hans nicht mitgehen könnte.

[17] Er sagte: „Ich habe damals in Hamburg gearbeitet."
Er sagte, daß er damals in Hamburg gearbeitet hätte.
Er sagte: „Ich hatte gerade eine Woche in Hamburg gearbeitet."
Er sagte, daß er gerade eine Woche in Hamburg gearbeitet hätte.

Er sagte, außer Ernst und seiner Frau wäre niemand da gewesen.
Er sagte, kein Mensch hätte ihm geglaubt.
Frau Schmidt sagte, ihr Mann hätte nach Afrika fahren wollen.
Frau Schmidt sagte, Johannes hätte nach Kairo fahren müssen.

[18] Er fragte: „Warum sind Sie denn gestern nicht nach Graz gefahren?"
Er fragte, warum ich denn gestern nicht nach Graz gefahren wäre.
Er fragte: „Mit wem warst du denn gestern abend im Theater?"
Er wollte wissen, mit wem ich gestern abend im Theater gewesen wäre.

Er wollte wissen, wieviel die Zigarren gekostet hätten.
Er wollte wissen, wie lange ich für die Lufthansa gearbeitet hätte.

6.13 You will hear ten statements. Change these to indirect discourse, starting with *Er sagte, ...* You will then hear the sentences again. Change them again to indirect discourse, but this time starting with *Er sagte, daß . . . .*

You hear: Ich komme nicht.
You say: Er sagte, er käme nicht.

You hear: Ich komme nicht.
You say: Er sagte, daß er nicht käme.

6.14 Conversation.

6.15 Reading. You will hear Bertolt Brecht's *Wenn die Haifische Menschen wären.*

UNIT 7

7.1 Listen and repeat (Patterns, group 1).

Wo fahrt ihr denn hin?—Wir fahren an den Neckar.
Wo wart ihr denn gestern?—Wir waren gestern am Neckar.
Wohin ist er denn mit seiner Frau gefahren?—Er ist mit ihr in den Schwarzwald gefahren.
Wo wohnt er denn?—Er wohnt im Schwarzwald.
Wo hat er sie denn hingefahren?—Er hat sie ans Theater gebracht.
Wo hat er denn auf sie gewartet?—Am Theater.

Wo hat er denn seinen Hut hingelegt?—Er hat ihn aufs Bett gelegt.
Wo lag denn sein Hut?—Er lag auf dem Bett.

Was hat er denn mit seinem Geld gemacht?—Er hat es auf die Bank gebracht.
Wo hast du dein Geld?—Ich habe mein Geld auch auf der Bank.

Wo hast du den Wagen denn hingestellt?—Hinter das Haus.
Wo steht denn dein Wagen?—Hinter dem Haus.

Was habt ihr denn gestern gemacht?—Wir sind gestern ins Theater gegangen.
Wo wart ihr denn gestern abend?—Im Theater.

Was haben Sie denn mit meiner Zeitung gemacht?—Ich habe sie neben Ihren Hut gelegt.
Neben meinem Hut liegt sie aber nicht.—Wo kann sie denn sein?

Wie seid ihr nach Deutschland geflogen?—Wir sind nonstop über den Atlantik geflogen.
Und wo habt ihr gefrühstückt?—Über dem Atlantik.

Es regnete, und wir hielten unter der Brücke.
Es regnete, und wir liefen unter die Brücke.

Wo haben Sie Rosemarie denn gesehen?—Vor dem Hotel.
Bringen Sie mir bitte den Wagen?—Ja, ich bringe ihn vor das Hotel.

Ich war schon vor dem Krieg in Afrika.
Vor zehn Jahren stand hier ein Haus.
Sollen wir vor oder nach dem Theater essen?
Vor einem Jahr kam Ingelheim nach Hause.
Ich möchte vor dem Essen noch einen Brief schreiben.

Wo lag denn der Brief?—Er lag zwischen den Zeitungen, und ich konnte ihn nicht finden.

Er konnte den Brief lange nicht finden; seine Frau hatte ihn zwischen die Zeitungen gelegt.

7.2 You will hear sentences containing an adverbial phrase of place. Formulate questions asking for these locations, using either *wo* or *wohin.*

You hear:	Er wohnt seit Jahren an der Riviera.
You ask:	Wo wohnt er?
Then you hear:	Wo wohnt er?—An der Riviera.
	OR
You hear:	Mein Hund läuft immer unter den Tisch.
You ask:	Wo läuft er hin? *OR:* Wohin läuft er?
Then you hear:	Wo läuft er hin?—Unter den Tisch.

7.3 You will hear sentences with an adverbial phrase of place, followed by a *wo*-question. Answer this question; be sure to change the adverbial phrase from accusative to dative.

You hear:	Sie ist ins Haus gegangen.—Wo ist sie jetzt?
You say:	Sie ist im Haus.
Then you hear:	Wo ist sie jetzt?—Sie ist im Haus.

7.4 Dictation.

7.5 Listen and repeat (Patterns, groups 2-5).

[2] Während des Sommers war Schmidt in Tirol.
Während der Woche kannst du mich nicht besuchen.
Sie können doch wegen des Regens nicht zu Hause bleiben.
Wir haben trotz des Regens gestern gearbeitet.
Wir haben trotz dem Regen gestern gearbeitet.

[3] Am Abend ihres Geburtstages ging er mit ihr ins Theater.
Gegen Ende des Jahres kam er aus Afrika zurück.
Die Integrität des Menschen ist das Thema dieses Buches.
Herr Harms ist ein Freund meines Mannes.
Werners Freundin kenne ich nicht.
Schmidt-Ingelheims Roman habe ich nicht gelesen.
Hast du Mutters Hut gesehen?
Den Vater dieses Mädchens kenne ich sehr gut.
Dr. Thümmel ist ein Schüler meines Mannes.
Von dem Geld meines Vaters habe ich nie etwas gesehen.

[4] Hannelore? Das ist doch die Freundin von Werner Schlosser!
Herr Behrens ist ein Freund von meinem Mann.
Herr Behrens ist ein Freund von Johannes.
Und die Tochter von diesen Leuten willst du heiraten?—Na und?
Renate ist eine von Dieters Freundinnen.

Ingelheims Kinder sind noch klein.
Die Kinder von Ingelheim sind noch klein.
Die Kinder von Ingelheims sind noch sehr klein.
Ingrids Kinder sind noch sehr klein.
Die Kinder von Ingrid sind noch sehr klein.
Sie war eine Freundin von Overhoffs Frau.
Er war der Vater von dreizehn Kindern.
Ich bin kein Freund von Rheinwein.
Jeder Leser von Kriegsromanen weiß, wer Schmidt-Ingelheim ist.

[5] Möchten Sie noch eine Tasse Tee?
Haben Sie schon gewählt?—Ja, ich hätte gerne ein Glas Mosel.
Meine Frau würde gerne ein Glas Wasser trinken.

7.6 Listen and repeat (Patterns, group 6).

Ich habe leider kein Buch mitgebracht. Hast du eins bei dir?
Keiner von seinen Freunden hat ihn besucht.
Hier ist das Buch von Rolf.—Nein, das ist meins.
Mir gehört das Buch nicht; es muß deins sein.
Wem gehört denn der Porsche? Ist das Ihrer, Frau Kröger?
Einen Ihrer Romane habe ich gelesen.
Einen von Ihren Romanen habe ich gelesen.
Eine seiner Töchter studiert jetzt Medizin.
Eine von seinen Töchtern studiert jetzt Medizin.

7.7 You will hear sentences containing *ein*-words followed by a noun. Restate the sentences, leaving out these nouns.

You hear: Wir haben schon ein Auto.
You say: Wir haben schon eins.

7.8 Listen and repeat (Patterns, group 7).

„Ich bin nur zwei Tage in München."
Sie sagte, sie wäre nur zwei Tage in München.
Sie sagte, sie sei nur zwei Tage in München.

„Ich habe ein Zimmer im Regina."
Sie sagte, sie hätte ein Zimmer im Regina.
Sie sagte, sie habe ein Zimmer im Regina.

„Wann bist du denn gestern abend nach Hause gekommen?"
Er fragte mich, wann ich gestern abend nach Hause gekommen wäre.
Er fragte mich, wann ich gestern abend nach Hause gekommen sei.

„Ich mußte gestern nach Regensburg fahren."
Er sagte, er hätte gestern nach Regensburg fahren müssen.
Er sagte, er habe gestern nach Regensburg fahren müssen.

„Ihr braucht nicht auf mich zu warten; ich komme erst morgen."
Er sagte, wir brauchten nicht auf ihn zu warten; er käme erst morgen.
Er sagte, wir brauchten nicht auf ihn zu warten; er komme erst morgen.

„Kannst du mit mir frühstücken?"
Er fragte, ob ich mit ihm frühstücken könnte.
Er fragte, ob ich mit ihm frühstücken könne.

„Dann können wir zusammen frühstücken."
Er sagte, wir könnten dann zusammen frühstücken.

7.9 Conversation.

UNIT 8

8.1 You will hear ten questions starting with *Wann.* Change to indirect questions introduced by *Ich weiß nicht, ...*

You hear: Wann hat Inge ihren Mann denn abgeholt?
You say: Ich weiß nicht, wann Inge ihren Mann abgeholt hat.

8.2 You will hear eight yes-or-no questions. Change to indirect questions introduced by *Ich möchte wissen, ob . . . .*

You hear: War sie denn schon im Haus?
You say: Ich möchte wissen, ob sie schon im Haus war.

8.3 You will hear ten pairs of sentences. Restate these, using the second one as the introductory statement to an *als ob* clause. Note that some sentences will have to start with *Er tut,* and others with *Er tat.*

You hear: Er schläft nicht; er tut nur so.
You say: Er tut, als ob er schliefe.

8.4 You will hear six pairs of sentences. Change the first sentence of each pair to a dependent clause starting with *Als.*

You hear: Ingelheim kam ins Hotel. Ein Brief wartete auf ihn.
You say: Als Ingelheim ins Hotel kam, wartete ein Brief auf ihn.

8.5 You will hear pairs of sentences. Change these either into open conditions or into irreal conditions.

You hear: Vielleicht regnet es morgen. Dann bleiben wir zu Hause.
You say: Wenn es morgen regnet, bleiben wir zu Hause.

OR

You hear: Ich habe leider kein Geld; sonst könnte ich mir einen Mantel kaufen.
You say: Wenn ich Geld hätte, könnte ich mir einen Mantel kaufen.

8.6 You will hear pairs of sentences. Restate these by starting with *Jedesmal.*

You hear: Tante Amalie kam oft zu uns, und ich mußte jedesmal mit ihr ins Museum gehen.
You say: Jedesmal, wenn Tante Amalie zu uns kam, mußte ich mit ihr ins Museum gehen.

8.7 Dictation.

8.8 You will hear ten sentences. Negate these sentences by using *gar nicht, gar kein,* or *gar nichts.*

You hear: Ich habe gestern gut geschlafen.
You say: Ich habe gestern gar nicht gut geschlafen.

8.9 Listen and repeat (Patterns, groups 10-11).

[10] Wo ist denn mein Kugelschreiber?—Ich schreibe gerade damit.
Wir haben auch ein Haus mit einer Garage dahinter.
Das ist die Marienkirche, und in dem Haus daneben hat früher mein Bruder gewohnt.
Haben Sie Ingelheims Roman gelesen?—Nur den Anfang davon.

[11] Den Kugelschreiber kannst du zurückbringen.
Damit (mit dem) kann ich nicht schreiben.
Da kann ich nicht mit schreiben.
Der Kugelschreiber hier ist mir zu schwer. Darf ich mal den da versuchen?
In die Oper brauchst du mit Tante Amalie nicht zu gehen.
Dabei schläft sie immer ein.
Da schläft sie immer bei ein.
Sonntag im Kino ist sie auch eingeschlafen.—Aber im Gloria-Palast läuft heute abend ein Hitchcock-Film. Bei dem (dabei) schläft sie bestimmt nicht ein.

8.10 You will hear ten sentences, each containing a prepositional phrase. Restate these sentences by substituting a *da*-compound for the prepositional phrase.

You hear: Er hat viel Geld für das Haus bezahlt.
You say: Er hat viel Geld dafür bezahlt.

8.11 Listen and repeat (Patterns, group 12).

Wofür brauchst du denn so viel Geld? Was willst du denn kaufen?
Für was brauchst du denn das Geld?
Ich weiß nicht, wofür er das Geld ausgegeben hat.
War der Briefträger immer noch nicht da?—Warum fragst du denn schon wieder? Auf was (worauf) wartest du denn eigentlich, auf einen Brief von deiner Freundin?

8.12 You will hear eight sentences containing prepositional objects. Restate these sentences, changing the prepositional object to a *da*-compound.

You hear: Wir hoffen auf Regen.
You say: Wir hoffen darauf.

8.13 Conversation.

8.14 Reading. Erich Kästner: Sachliche Romanze.

UNIT 9

9.1 Listen and repeat (Patterns, group 1).

Aber du kannst doch nicht den ganzen Tag schlafen!
Warum denn nicht? Ich habe die ganze Nacht nicht geschlafen.
Meyer war krank und hat lange nicht arbeiten können.
Heute haben wir nicht lange arbeiten können.
Du brauchst nicht auf dem Sofa zu schlafen. Wir haben ein Bett für dich.
Ich kann in diesem Bett einfach nicht schlafen. Es ist zu kurz.
Geschlafen habe ich. Aber ich habe nicht gut geschlafen.
Ingelheim war in Kairo. Aber! War er allein in Kairo, oder war er nicht allein in Kairo?

9.2 Listen and repeat (Patterns, group 2).

Ich wartete nicht auf Inge. Ich wartete auf Erika.
Ich wartete damals nicht auf Inge, sondern auf Erika.
Ich habe nicht auf Inge, sondern auf Erika gewartet.
Ich habe nicht auf Inge gewartet, sondern auf Erika.
Nicht auf Inge, sondern auf Erika habe ich gewartet.

Du weißt doch, daß ich nicht auf Inge, sondern auf Erika gewartet habe.
Du weißt doch, daß ich nicht auf Inge gewartet habe, sondern auf Erika.
Er ist nicht gestern, sondern erst heute nach Berlin gefahren.
Er ist nicht gestern nach Berlin gefahren, sondern erst heute.
Er ist gestern nicht nach Berlin, sondern nach Hamburg gefahren.
Er ist gestern nicht nach Berlin gefahren, sondern nach Hamburg.
Wir sind gestern nicht nach Hamburg geflogen, sondern gefahren.
Inge ist nicht nur schön, sondern auch intelligent.
Weißt du, daß Inge nicht nur schön, sondern auch intelligent ist?
Weißt du, daß Inge nicht nur schön ist, sondern auch intelligent?

9.3 Listen and repeat (Patterns, groups 4-10).

[4] Er scheint zu schlafen.
Er scheint gut geschlafen zu haben.

Er schien in Paris zu sein.
Er schien in Paris gewesen zu sein.

Sie scheint Geld zu haben.
Sie scheint Geld gehabt zu haben.

Meyer schien sehr glücklich zu sein.
Meyer scheint sehr glücklich gewesen zu sein.

Wer Arzt werden will, muß sechs Jahre studieren.
Wer Arzt ist, muß sechs Jahre studiert haben.

Ich muß um sechs Uhr meine Brieftauben füttern.
Ich muß um sechs Uhr meine Brieftauben gefüttert haben.

[5] Jetzt habe ich keine Zeit. Ich muß erst die Kinder in die Schule schicken.
Sie sagte, sie hätte keine Zeit. Sie müßte erst die Kinder in die Schule schicken.
Sie sagte, sie hätte erst die Kinder in die Schule schicken müssen.
Diesen Brief habe ich heute von einem Herrn Brandt bekommen. Er muß Amerikaner sein. Er schreibt: „Gestern ich war in Berlin und habe gekauft Ihren Roman."

Ich hörte sofort, daß Herr Brandt trotz seines Namens Amerikaner sein mußte, denn er sagte: „Morgen ich kann nicht kommen, weil ich muß fahren nach Berlin."
Sie ist doch in Stuttgart aufs Gymnasium gegangen. Sie muß also Englisch können und Faulkner gelesen haben.
Sie ist doch in Stuttgart aufs Gymnasium gegangen. Sie müßte eigentlich Englisch können und Faulkner gelesen haben.

[6] Tante Amalie will uns nächste Woche besuchen.
Ich habe dich noch nie gebeten, mir zu helfen. Und jetzt, wo ich dich brauche, sagst du nein. Und du willst mein Freund sein!
Er will in Wien studiert haben? Das glaube ich nicht.
Hast du nicht gesagt, du wolltest morgen nach Zürich fahren?
Als Ingelheim den Preis bekam, wollte natürlich jeder seinen Roman schon gelesen haben. Ich hatte ihn wirklich gelesen.—So?—Und ich wollte, ich hätte ihn nicht gelesen.

[7] Du sollst nicht stehlen.
Wir sollen morgen um acht auf dem Bahnhof sein.
Er sagte, wir sollten morgen um acht Uhr auf dem Bahnhof sein.
Ich weiß, ich sollte nicht soviel rauchen.
Das werde ich nie vergessen! Und wenn ich hundert Jahre alt werden sollte!
Die Brücke sollte schon letztes Jahr fertig sein, aber sie ist immer noch nicht fertig.
Damals suchte IBM zwanzig Ingenieure. Alle sollten Deutsch können und mindestens vier Semester Elektronik studiert haben.
Wo ist denn der Erich?—Der soll schon wieder an der Riviera sein.
Hast du etwas von Dietlinde gehört?—Die soll im Juni geheiratet haben. Ihr Mann soll Ingenieur sein.

[8] Ingelheims Romane sind ja ganz gut, aber als Mensch mag ich ihn gar nicht.
Ich mochte ihn schon nicht, als wir während des Krieges in Afrika waren.
Meine Frau hat ihn auch nie gemocht.
Danke, Schweinefleisch mag ich nicht; ich esse lieber ein Steak.
Wie alt ist seine Tochter eigentlich?—Oh, ich weiß nicht. Sie mag achtzehn oder neunzehn sein.
Er mochte damals etwa dreißig sein.
Was mag ihm nur passiert sein?
Er mag gedacht haben, ich hätte ihn nicht gesehen.

[9] Klaus ist krank und kann leider nicht kommen.
Heute ist ja schon Donnerstag. Bis Samstag kann ich den Roman nicht gelesen haben.
Intelligent kann sie nicht sein. Wenn sie intelligent wäre, würde sie nicht für Meyer arbeiten.
Sie war fast noch ein Kind und konnte nicht älter sein als siebzehn.
Wenn Meyer kein Geld hätte, könnte er keinen Mercedes 300 fahren.
Seine Frau sagte, er sei krank und könne leider nicht kommen.
Könnte ich vielleicht ein Zimmer mit Bad haben?
Und der Herr, der mich sprechen wollte, hat nicht gesagt, wie er heißt? Wer kann das nur gewesen sein? Er sprach mit einem Akzent, sagen Sie? Hm, das könnte Mr. Taylor gewesen sein.
Ich glaube, wir sollten heute im Garten arbeiten. Morgen könnte es regnen.
Meyer hätte fliehen können, aber er wollte nicht.
Wahrscheinlich ist er noch im Lande, aber er könnte natürlich auch geflohen sein.

Natürlich hätte er das Geld stehlen können, aber er ist doch kein Dieb.
Sie können doch gar nicht wissen, ob ihm das Geld wirklich gehört; er könnte es ja auch gestohlen haben.

[10] Darf ich heute abend ins Kino gehen, Mutti?
Kann ich heute abend ins Kino gehen, Mutti?
Ich fragte sie, ob ich sie nach Hause bringen dürfte.
Rauchen darf man hier leider nicht.
Sie dürfen nicht mehr so viel Kaffee trinken, Frau Emmerich.
Wann ist er denn weggefahren?—Vor über zwei Stunden.—Dann dürfte er jetzt schon in Frankfurt sein.
Ich möchte wissen, wer mich gestern abend um elf noch angerufen hat.—Das dürfte Erich gewesen sein; der ruft doch immer so spät an.

9.4 Change the following sentences in two ways:
(a) change the modal to the present perfect, and
(b) change the present infinitive to a past infinitive.

You hear:	Er kann um sechs noch nicht hier sein.
You say first:	Er hat um sechs noch nicht hier sein können.
and then:	Er kann um sechs noch nicht hier gewesen sein.

9.5 Change the present indicative to the present subjunctive, and add *eigentlich.*

You hear:	Er kann schon hier sein.
You say:	Er könnte eigentlich schon hier sein.

9.6 Change from the past indicative to the past subjunctive, and add *eigentlich.*

You hear:	Er mußte gestern arbeiten.
You say:	Er hätte gestern eigentlich arbeiten müssen.

9.7 Listen and repeat (Patterns, group 11).

Ich habe mich schon gebadet.
Hast du dich schon gebadet?
Er hat sich schon gebadet.
Wir haben uns schon gebadet.
Habt ihr euch schon gebadet?
Sie haben sich schon gebadet.

Er hat mir ein Auto gekauft.
Er hat sich ein Auto gekauft.

Sie haben uns ein Haus gebaut.
Sie haben sich ein Haus gebaut.

Er konnte es mir einfach nicht erklären.
Er konnte es sich einfach nicht erklären.

Ich halte ihn für dumm, aber er hält sich für sehr intelligent.
Zuerst hat er nur Landschaften gemalt. Dann hat er monatelang seine Frau und seine Kinder gemalt, und jetzt malt er nur noch sich selbst (selber).
Hat er den Porsche für sich gekauft oder für seine Frau?
Er hat nicht nur von seiner Frau geredet, sondern auch von sich.—Wirklich? Mir hat er noch nie etwas von sich selbst erzählt.
Bis jetzt haben wir immer nur an unsere Kinder gedacht. Aber jetzt müssen wir endlich an uns selbst denken.

Fritz ist doch erst vier! Kann er sich wirklich schon selber baden?
Warum soll ich denn das Buch für dich lesen? Kannst du's nicht selber lesen?

9.8 Change the following sentences to the first person.

You hear:	Er will sich ein Haus bauen.
You say:	Ich will mir ein Haus bauen.
or you hear:	Er hat sich schon gebadet.
and you say:	Ich habe mich schon gebadet.

9.9 Dictation.

9.10 Listen and repeat (Patterns, group 12).

Wäre Ingelheim nicht Soldat gewesen, so hätte er keine Kriegsromane schreiben können.
Hätte Erich seinen Hut nicht verloren, so hätte niemand geglaubt, was Gerda erzählte.
Hätten wir uns dieses Wochenendhaus nicht gekauft, dann könnten wir jetzt jeden Sommer nach Italien fahren.
Hättest du mir doch nur geschrieben, daß du Geld brauchtest! Du weißt doch, daß ich dir gerne geholfen hätte.
Hätte ich doch nur gewußt, daß Monika krank war! Ich hätte sie gerne besucht.

9.11 Change the following statements to wishes contrary to fact, using either *doch nur* or *doch nur nicht.*

You hear:	Er ist gekommen.
You say:	Wäre er doch nur nicht gekommen!

9.12 Reading.

Woher wußten Sie denn, daß ich Amerikanerin bin?
Aus deutschen Zeitungen.
Franz Kafka: Heimkehr.

UNIT 10

10.1 Listen and repeat (Patterns, groups 1-5).

[1] Der neue Direktor hieß Bodenstein.
Ein junger Mann wartete auf ihn.
Die junge Frau hieß Petra.
Eine junge Frau stand neben ihm.
Das kleine Mädchen hieß auch Petra.
Petra war noch ein kleines Mädchen, als ich sie kennenlernte.
Mein lieber Vater!
Meine liebe Mutter!
Mein liebes Kind!
Lieber Vater!
Liebe Mutter!
Liebes Kind!
Das ist wirklich ein guter Wein!
Guter Wein ist teuer.
Klare Fleischsuppe ist eine Spezialität unseres Hauses.
Eine gute Suppe gehört zu jeder Mahlzeit.
Unsere italienische Gemüsesuppe ist auch nicht schlecht.
Frisches Obst ist immer gut.
Das italienische Obst ist nicht mehr so teuer wie früher.
Ich empfehle Ihnen Dortmunder Union; das ist ein gutes Bier.

[2] Hast du den alten Mann gesehen?
Nein, einen alten Mann habe ich nicht gesehen.
Ich kenne die junge Dame leider nicht.
Ich habe das junge Mädchen lange nicht gesehen.
Schmidts haben gestern ein kleines Mädchen bekommen.
Nehmen Sie ein heißes Bad und gehen Sie früh ins Bett.

[3] Mit dem alten Wagen fahre ich aber nicht an den Bodensee.
Was soll ich denn mit einem alten Wagen?
Wir wohnten damals in einer kleinen Stadt.
Wir wohnten damals in einem kleinen Städtchen an der Elbe.
Ingrid ist aus guter Familie.

[4] Während des letzten Krieges mußte Ingelheim Brieftauben füttern.
Ingrid war die Tochter eines bekannten Architekten in Berlin.
Der Besuch der alten Dame ist ein Stück von Dürrenmatt.
Wegen des schlechten Wetters konnten wir in Frankfurt nicht landen.

[5] Die jungen Leute gehen ins Kino.
Unsere deutschen Freunde wohnen in Freiburg.
Liebe Eltern!
Petra ist die Mutter der beiden Kinder.
Eines der kleinen Mädchen hieß Petra.
Was halten Sie von den italienischen Autos?
Für seine neuen Brieftauben hat Ingelheim viel Geld bezahlt.
Niemand liest seine letzten Romane.
Er brachte ihr rote Rosen.
Sie hat zwei intelligente Kinder.

10.2 You will hear six short sentences containing a noun in the singular, preceded by an adjective. Restate the sentences, changing adjectives and nouns to the plural.

You hear: Wer wohnt denn in diesem alten Haus?
You say: Wer wohnt denn in diesen alten Häusern?

10.3 Dictation.

10.4 The following sentences contain an adjective and a noun in the plural. Restate the sentences in the singular.

You hear: Was soll ich denn mit diesen alten Büchern?
You say: Was soll ich denn mit diesem alten Buch?

10.5 You will hear ten sentences with *ein*-words. Change from singular to plural.

You hear: Da drüben steht ein modernes Bürohaus.
You say: Da drüben stehen moderne Bürohäuser.

10.6 The following sentences contain plural nouns. Change to the singular by using the appropriate form of an *ein*-word.

You hear: Nur reiche Ausländer können so etwas kaufen.
You say: Nur ein reicher Ausländer kann so etwas kaufen.

10.7 Dictation.

10.8 You will now hear short sentences each containing a noun. After each sentence, you will hear an adjective without an ending. Repeat the sentence and insert the adjective with the proper ending.

You hear: Zu Hause wartete ein Brief auf mich.—lang
You say: Zu Hause wartete ein langer Brief auf mich.

10.9 Reading.

Der Wolf und die sieben Geißlein.
Erich Kästner: Die Entwicklung der Menschheit.

UNIT 11

11.1 Listen and repeat (Patterns, groups 1-4).

[1] Ingelheim kannte ich schon vor dem Kriege, aber seine Frau lernte ich erst kennen, als er mit ihr nach München zog.
Ingelheim kenne ich schon lange, aber seine Frau habe ich leider noch nicht kennengelernt. Ich möchte sie gerne kennenlernen.
Ali war sehr intelligent, aber er hatte nie lesen gelernt.
Viele Kinder lernen schon mit fünf Jahren lesen.
Bevor Sie nach Kalifornien gehen, müssen Sie unbedingt Auto fahren lernen.
Es wäre besser, wenn Sie Auto fahren gelernt hätten.

[2] Bitte bleiben Sie doch sitzen, Herr Schmidt.
Warum hat sie denn den Meyer geheiratet? Um nicht sitzenzubleiben?—Ja, weil sie nicht sitzenbleiben wollte.
Du brauchst noch nicht aufzustehen; du kannst noch liegen bleiben.
Wem gehört denn das Buch da?—Das weiß ich nicht; es ist gestern abend hier liegengeblieben.
Meine Uhr ist gestern abend plötzlich stehengeblieben.
Bitte gehen Sie weiter; Sie dürfen hier nicht stehenbleiben.

[3] Wie wäre es, wenn wir jetzt essen gingen?
Andreas ist auch schon essen gegangen.
Können wir bald essen gehen?
Du brauchst doch nicht schon wieder essen zu gehen; du hast doch gerade erst gefrühstückt.
Wie wär's denn, wenn wir Sonntag baden gingen?
Was habt ihr denn heute gemacht?—Erst sind wir schwimmen gegangen, und dann sind wir spazierengefahren.

[4] Ich hörte ihn gestern abend nach Hause kommen.
Ich habe ihn gestern abend nach Hause kommen hören.
Ich habe gehört, wie er gestern abend nach Hause kam.
Wir sahen sie in Berlin die Desdemona spielen.
Wir haben sie die Desdemona spielen sehen.

11.2 Dictation.

11.3 You will hear ten sentences. In the pauses, change these sentences to the perfect. You will then hear the correct transformations.

You hear: In Zürich lernten wir viele Amerikaner kennen.
You say: In Zürich haben wir viele Amerikaner kennengelernt.

11.4 Listen and repeat (Patterns, groups 5-6).

[5] Heute regnet es bestimmt nicht. Deinen Regenmantel kannst du zu Hause lassen.
Heute regnet es bestimmt nicht. Du hättest deinen Mantel zu Hause lassen können.
Bitte lassen Sie mich jetzt allein.
Ich wollte, er ließe mich in Ruhe.
Jetzt habe ich schon wieder meinen Mantel im Hotel hängenlassen.
Und wo ist deine Handtasche?—Die habe ich bei Tante Amalie auf dem Tisch stehenlassen.
Und deine Handschuhe hast du wohl auch irgendwo liegenlassen?

[6] Ich lasse dich nicht nach Berlin fahren.
Ich habe ihn doch nach Berlin fahren lassen.
Ich wollte, ich hätte ihn nicht nach Berlin fahren lassen.
Du kannst mich doch nicht ohne Geld nach Berlin fahren lassen.
Ich hätte ihn nicht allein nach Berlin fahren lassen sollen.
Warum darf ich denn nicht allein ins Kino gehen? Müllers lassen ihre Tochter auch allein ins Kino gehen.
Meyer mußte gestern den Arzt kommen lassen.
Lassen Sie mich das mal sehen!
Lassen Sie mich doch erst meinen Kaffee trinken!
Er will die Briefe heute abend zu Hause tippen. Sollen wir ihn die Schreibmaschine mit nach Hause nehmen lassen?
Lassen Sie den Meyer diese Arbeit machen.
Wir lassen gerade unser Dach reparieren.
Wir müssen unser Auto reparieren lassen.
Wir haben den Motor noch nie reparieren lassen müssen.
Mein Freund Egon muß sich operieren lassen.
Ich habe ihm ein Telegramm schicken lassen.
Ich habe ihm sagen lassen, daß er mich morgen anrufen soll.
Frau Lenz hat sich schon wieder einen Mantel machen lassen.
Meyer tut, was er will. Er läßt sich nie etwas sagen.
Ich lasse mir eine Tasse Kaffee aufs Zimmer bringen.
Warum hat sie sich das Frühstück denn nicht aufs Zimmer bringen lassen?
Wo hast du dir die Haare schneiden lassen?
Ich lasse mir immer die Haare von meiner Frau schneiden.
Wir lassen uns von Overhoff ein Haus bauen.
Wir lassen unseren Kindern von Overhoff ein Haus bauen.
François? Nein, von dem lasse ich mir nie wieder die Haare schneiden.
Früher haben wir uns immer die Brötchen vom Bäcker ins Haus schicken lassen.
Ich lasse meine Frau von Dr. Meinecke operieren.
Petra läßt sich von ihrem Mann verwöhnen.
Ich ließe mich auch gerne von dir verwöhnen!
Erika läßt sich von keinem küssen.

11.5 You will hear ten sentences in the past indicative. In the pause, restate the sentences in the past subjunctive, starting with *Er sagte.*

You hear: Von der Stadt war nichts zu sehen.
You say: Er sagte, von der Stadt wäre nichts zu sehen gewesen.

11.6 You will hear ten sentences with an infinitive with *zu* in the end field. Change these sentences to the perfect.

You hear: Es fing an zu regnen.
You say: Es hat angefangen zu regnen.

11.7 Restate the following pairs of sentences, starting with the second one, which contains a *da*-compound, and transform the first one into an infinitive phrase.

You hear: Ich soll mit ihm ins Theater gehen.
Er hat mich dazu eingeladen.
You say: Er hat mich dazu eingeladen, mit ihm ins Theater zu gehen.

11.8 Dictation.

11.9 Listen and repeat (Patterns, group 13).

Ich fahre sofort hin.
Kannst du hinfahren?
Ich bin sofort hingefahren.
Ich brauche nicht hinzufahren.
Wer hat dich denn dahingebracht?
Wie bist du denn dahingekommen?
Sie fahren nach Tirol? Dahin fahre ich auch.

Er kommt sofort her.
Kannst du herkommen?
Er ist sofort hergekommen.
Er braucht nicht herzukommen.
Wer hat dich denn hierhergebracht?
Wie bist du denn hierhergekommen?
Sie kommen aus Tirol? Daher komme ich auch.

Weißt du was? Rosemarie hat vorhin angerufen.
Ich war vorhin bei Schmidts.
Diese Uhr hier ist hin,—die ist kaputt.
Meine Ruh' ist hin, mein Herz ist schwer. (Goethe)

Wohin gehst du denn?
Woher kommst du denn?

Wo gehst du denn hin?
Wo kommst du denn her?

Wohin ist er denn gegangen?
Woher ist er denn gekommen?

Wo ist er denn hingegangen?
Wo ist er denn hergekommen?

Dahin gehe ich auch.
Daher komme ich auch.

Da gehe ich auch hin.
Da komme ich auch her.

Die Titanic ist untergegangen.
Die Sonne geht unter.
Wo seid ihr denn untergekommen?
Das Licht ist ausgegangen.
Die Sonne geht auf.

Ich gehe ins Eßzimmer hinunter.
Er kommt sofort herunter.
Ist er schon heruntergekommen?
Er ist gerade hinausgegangen.
Herr Doktor Schmidt ist schon hinaufgegangen.

Ich konnte ihn nicht mehr einholen.
Mit zweihundert Mark im Monat kann ich nicht auskommen.
Er kam aus dem Haus heraus.
Er ging ins Haus hinein.
Wir fahren durch den Panamakanal hindurch.
Wir stiegen auf den Berg hinauf.
Er sprang über den Zaun hinüber.

Hast du die Zeitung schon hereingeholt?
Ich habe ihn noch nicht herauskommen sehen.

11.10 Listen and repeat (Patterns, group 16).

Sie können natürlich mehr Geld ausgeben, aber es ist nicht sicher, ob Sie einen besseren Waschautomaten bekommen.

Gesünder und darum besser ist ein Cottona-Hemd.
Sie sollten nicht weniger für ihr Geld verlangen.
Sie sollten mehr verlangen: Ein VW ist der beste Kauf.
Cinzano on the rocks: der beste Anfang einer guten Sache.
In der ganzen Welt kennt man den Namen Pall Mall als Garantie für teuerste Tabake. Die Pall Mall Filter ist eine mild-aromatische Blendcigarette im King-Size-Format. 20 Pall Mall Filter kosten DM 2,30.
Was trinken Sie am liebsten, wenn Sie mit Ihrer Frau abends fernsehen? Natürlich Löwenbräu.
Wie gern essen wir ein Steak. Noch lieber ist es uns mit einem Schuß Ketchup. Am liebsten essen wir es aber mit Thomy's Tomaten-Ketchup. Es gehört zu den neun Thomy's Delikatessen.
Statt für jeden etwas, etwas Besonderes für alle: Triumpf, die beste Schreibmaschine.
Jede moderne Frau weiß, wie man sich interessanter macht. Die interessantesten Frauen tragen Elastiform.

11.11 Reading. Peter Bichsel: Ein Tisch ist ein Tisch.

UNIT 12

12.1 Listen and repeat (Patterns, groups 1-4).

[1] Das weiß ich selbst.
Ihrer Frau geht es also wieder gut—und wie geht es Ihnen selbst?
Ich wollte eigentlich meine Sekretärin nach Berlin schicken; aber ich fahre doch besser selber hin.
Ich habe nicht mit Meyers Frau gesprochen; ich habe mit ihm selbst gesprochen.
Meine Frau hat nicht mit ihm gesprochen; ich habe selbst mit ihm gesprochen.

[2] Dabei brauchst du mir nicht zu helfen; das kann ich selber machen.
Was, du mußt den Kleinen immer noch füttern? Kann der sich denn noch nicht selber füttern?
Muß ich denn jeden Morgen zuerst aufstehen? Kannst du dir das Frühstück nicht mal selber machen?

[3] Selbst (sogar, auch) das ist ihm zu viel.
Selbst (sogar, auch) Herrn Dr. Müller, der sonst immer da ist, konnte ich diesmal nicht sprechen; der war auch in Berlin.
In Berlin sprechen selbst (sogar, auch) kleine Kinder Deutsch.
Selbst (sogar, auch) von seiner Frau läßt er sich nichts sagen.

[4] Hat er sie zuerst geküßt oder hat sie ihn zuerst geküßt?—Das weiß ich nicht. Aber es ist sicher, daß sie sich geküßt haben.
„Sie fühlten sich zueinander hingezogen. Sie schauten sich in die Augen; ihre Lippen trafen sich, und ihre Herzen hatten einander gefunden." (Ingelheim)
So, ihr wollt beide ein Wochenendhaus bauen? Wenn ihr euch gegenseitig helft, dann ist das gar nicht so schwer.
Im Sommer hat er ihr das erste Mal geschrieben, und seitdem schreiben sie sich jede Woche zweimal, und mindestens einmal im Monat rufen sie sich an.
Heute abend gehe ich mit ihr ins Theater.—Wo triffst du sie denn?—Wir treffen uns am Bahnhof.

12.2 Listen and repeat (Patterns, group 7).

Wer sitzt denn da bei euch am Tisch?—Den kenne ich auch nicht. Der hat sich einfach an unseren Tisch gesetzt.

Nein, unter diesen Brief setze ich meinen Namen nicht.
Ich wollte mich gerade in die erste Reihe setzen, als ich sah, daß Frau Meier da saß; und da habe ich mich in die letzte Reihe gesetzt.
Wer steht denn da bei Frau Schmidt? Ist das nicht Dr. Gerhardt?
Diese amerikanischen Cocktailparties machen mich wirklich müde. Ich habe stundenlang stehen müssen und war froh, als ich mich endlich setzen konnte.
Ich habe den Wein auf den Tisch gestellt.
Bitte, gnädige Frau, wie wäre es, wenn Sie sich hier auf diesen Stuhl setzten? Und Sie stellen sich links neben Ihre Frau, Herr Doktor. Und der Kleine kann rechts von Ihrer Frau stehen.—So, und jetzt bitte recht freundlich!
In der Zeitung steht, daß Ingelheim spurlos verschwunden ist.—Auf welcher Seite steht das denn?
Ich hatte mich gerade ins Bett gelegt, als Erich anrief. „Liegst du etwa schon im Bett?" sagte er.
Ich lag noch nicht lange im Bett, als Erich anrief. „Hast du dich etwa schon ins Bett gelegt?" sagte er.
Wo hast du denn mein Buch hingelegt?—Ich habe es auf deinen Schreibtisch gelegt. Liegt es denn nicht mehr dort?
Köln liegt am Rhein. Wolframs-Eschenbach liegt in der Nähe von Nürnberg.

12.3 You will hear ten assertions or questions with reflexives. Restate these sentences by using the subject indicated.

You hear: Hat er sich schon die Hände gewaschen?—du
You say: Hast du dir schon die Hände gewaschen?

12.4 You will hear nine sentences in the perfect tense. Restate these sentences in the statal present, that is, use a form of *sein* plus a participle.

You hear: Ich habe mich verliebt.
You say: Ich bin verliebt.

12.5 You will hear ten sentences in the statal present. Restate these sentences in the perfect, using reflexives.

You hear: Ich bin schon daran gewöhnt.
You say: Ich habe mich schon daran gewöhnt.

12.6 You will hear ten sentences containing *sitzen, stehen, liegen.* Restate these sentences using the perfect or pluperfect of *sich setzen, sich stellen, sich legen.*

You hear: Sie liegt schon im Bett.
You say: Sie hat sich schon ins Bett gelegt.

12.7 Listen and repeat (Patterns, groups 12-16).

[12] Ruf mich bitte nicht vor acht an!
Bitte ruf mich nicht vor acht an!
Aber bitte ruf mich nicht vor acht an!
Aber ruf mich bitte nicht vor acht an!
Ruf mich aber bitte nicht vor acht an!
Aber ruf mich nicht vor acht an, bitte!

Bitte bring mir doch etwas zu lesen mit!
Bring mir doch bitte etwas zu lesen mit!
Bring mir doch etwas zu lesen mit, bitte!
Fahr doch mit uns in den Schwarzwald!
Sei mir nicht böse, aber ich muß jetzt gehen.
Sei doch nicht so nervös!

Ruf sie doch noch einmal an. Vielleicht ist sie jetzt zu Hause.
Bitte ruf sie doch noch einmal an!
Ruf sie doch noch mal an, bitte!
Bitte sei doch so gut und fahr mich mal eben in die Stadt.
Rede doch nicht so dumm, Anton; du verstehst ja doch nichts davon.
Tu nicht so, als ob du mich nicht gehört hättest.
Sei so gut, Klaus, und trag mir mal meinen Mantel.
Fritzchen, nimm die Finger aus dem Mund!
Lauf doch nicht so schnell, Hans, ich kann ja gar nicht mitkommen.
Fürchte dich nicht; denn ich bin bei dir.

Steh du doch mal zuerst auf.
Rede du mal mit Meyer, du kennst ihn doch besser als ich.
Bleib du doch wenigstens vernünftig.

[13] Kinder, vergeßt nicht, euch die Hände zu waschen.
Bitte vergeßt nicht, euch die Hände zu waschen.
Vergeßt bitte nicht, euch die Hände zu waschen.
Es war schön, daß ihr kommen konntet; besucht uns bald mal wieder.
Seid mir nicht böse. Aber ich muß jetzt wirklich nach Hause.
Also auf Wiedersehen. Und ruft uns an, wenn ihr nach Hause kommt.
Während der Woche haben wir nicht viel Zeit. Aber besucht uns doch mal an einem Sonntag!
Geht ihr ruhig ins Theater. Ich muß noch arbeiten.
Warum ich sonntags immer zu Hause bleibe? Arbeitet ihr einmal jeden Tag zehn Stunden, dann wißt ihr warum.

[14] Wo sollen wir denn essen, Rosemarie?—Gehen wir doch mal ins Regina, Klaus, da waren wir schon so lange nicht mehr.
Müssen wir denn heute schon wieder zu Müllers?—Natürlich müssen wir.—Also schön, fahren wir wieder zu Müllers.
Was, schon wieder Fisch, Maria?—Aber Karl, Fisch ist doch jetzt so billig.—Also gut, essen wir wieder Fisch.

[15] Bitte, Fräulein, geben Sie mir Zimmer 641.
Seien Sie herzlich gegrüßt von Ihrem Hans Meyer.
Seien Sie vorsichtig, Herr Professor, und überarbeiten Sie sich nicht.
Bitte glauben Sie mir, ich habe alles getan, was ich tun konnte.
Entschuldigen Sie bitte, gnädige Frau; Ihr Ferngespräch nach Hamburg ist da.
Es gibt keine bessere Kamera. Fragen Sie Ihren Fotohändler.
Informieren Sie sich in unserem großen Photo-Katalog.
Lassen Sie sich unser neuestes Modell zeigen.
Wenn Ihnen die starken Zigaretten zu stark und die leichten zu leicht sind, so rauchen Sie PRIVAT, die Zigarette des Mannes von Format.
Freude am Leben! Wundervolle Urlaubstage, in farbigen Kodakbildern! Und natürlich MARTINI „on the rocks". Machen Sie Ihren Gästen eine Freude, mit MARTINI, Schluck für Schluck.

[16] Alles aussteigen.
Einsteigen bitte.
Bitte einsteigen.
Nicht öffnen, bevor der Zug hält.
Langsam fahren.
Nicht rauchen.

Bitte anschnallen.
Nicht mit dem Fahrer sprechen.
Eintreten ohne zu klingeln.
Nicht stören.
Bitte an der Kasse zahlen.
Nach rechts einordnen.

12.8 You will hear fifteen assertions. Replace them by imperatives.

You hear: Du sollst vorsichtig sein.
You say: Sei vorsichtig.

12.9 Reading.

Bertolt Brecht: Freundschaftsdienste.
Erich Kästner: Das Eisenbahngleichnis.

UNIT 13

13.1 Listen and repeat (Patterns, groups 2-5).

[2] Bei uns werden alle Briefe mit der Maschine geschrieben.
Diese Briefe sind mit der Maschine geschrieben.

Wann ist das Pulver denn erfunden worden?
Das weiß ich nicht. Als ich geboren wurde, war es schon erfunden.

Dieses Zimmer ist aber kalt. Ist das Zimmer nicht geheizt, oder kann es nicht geheizt werden?

Ich höre, das Haus neben der Kirche soll verkauft werden.
Es ist schon verkauft.

[3] Wer hat denn den Bunsenbrenner erfunden?
Der Bunsenbrenner ist von Bunsen erfunden worden.
Bunsen soll den Bunsenbrenner erfunden haben.
Der Bunsenbrenner soll von Bunsen erfunden worden sein.

Wer hat Amerika entdeckt?
Amerika ist von Kolumbus entdeckt worden.
Schon die Wikinger sollen Amerika entdeckt haben.
Amerika soll schon von den Wikingern entdeckt worden sein.

Die Polizei sucht ihn.
Die Polizei soll ihn suchen.
Er wird von der Polizei gesucht.
Er soll von der Polizei gesucht werden.
Die Polizei suchte ihn überall.
Er wurde von der Polizei gesucht.
Hat ihn die Polizei nie gefunden?
Ist er nie gefunden worden?
Doch! Die Polizei soll ihn gestern gefunden haben.
Doch! Er soll gestern gefunden worden sein.

Eine einzige Bombe hat das Haus zerstört.
Das Haus ist durch eine einzige Bombe zerstört worden.
Das Haus soll durch eine einzige Bombe zerstört worden sein.
Eine einzige Bombe soll das ganze Haus zerstört haben.

[4] Wir konnten ihm nicht helfen.
Dem Manne kann geholfen werden. (Schiller, *Die Räuber*)
Ihm ist nicht zu helfen.
Man half ihm sofort.
Ihm wurde sofort geholfen.
Jemand hat mir gesagt, ich sollte um drei Uhr hier sein.
Mir wurde gesagt, ich sollte um drei Uhr hier sein.
Es wurde mir gesagt, ich sollte um drei Uhr hier sein.

[5] Wir waschen nur mit Persil.
Bei uns wird nur mit Persil gewaschen, denn Persil bleibt Persil.
Hier wird gearbeitet.
Jeden Samstag abend wird dort getanzt.
In meinem Elternhaus ist viel musiziert worden.
In Kalifornien wird fast nur mit Gas geheizt.
Bei euch im Büro wird viel zu viel geredet.
Wann wird denn hier morgens gefrühstückt?
In diesem Hotel wird nur vom 15. September bis zum 1. Mai geheizt.
Ingelheim ist mir zu sentimental; in seinen Romanen wird auf jeder dritten Seite geweint.
Es wird gebeten, nicht zu rauchen.

13.2 You will hear ten sentences in the present tense. Change these sentences to the perfect.

You hear: Das Haus wird verkauft.
You say: Das Haus ist verkauft worden.

13.3 You will hear fifteen sentences, all containing the subject *man.* Change these sentences to the actional passive; do not change tenses, and omit *man.*

You hear: Man fand ihn nicht.
You say: Er wurde nicht gefunden.

13.4 You will hear five sentences in the statal present. Restate these sentences in the actional perfect.

You hear: Das Haus ist verkauft.
You say: Das Haus ist verkauft worden.

13.5 You will hear six sentences in the statal present. Restate these sentences (a) in the actional perfect and (b) as perfect reflexives.

You hear: Er ist rasiert.
You say: Er ist rasiert worden.
Then you say: Er hat sich rasiert.

13.6 Listen and repeat (Patterns, groups 7-8).

[7] Niemand war zu Hause.
Es war niemand zu Hause.

Jemand hat heute nachmittag nach Ihnen gefragt.
Es hat heute nachmittag jemand nach Ihnen gefragt.

Leider meldete sich niemand.
Es meldete sich leider niemand.

Jetzt werden wieder Häuser gebaut.
Es werden jetzt wieder Häuser gebaut.

Viele Leute waren nicht da.
Es waren nicht viele Leute da.

Ach Emma, du bist's!
Wer ist denn da?—Ich bin's, Emma.
Meyer kann es nicht gewesen sein.

Es regnet schon seit Tagen.
Hier regnet es schon seit Tagen.

Es hat schon wieder gehagelt.
Hier hat es heute schon wieder gehagelt.

Es hat die ganze Nacht geschneit.
Heute morgen hat es ein bißchen geschneit.

Es hat stundenlang gedonnert und geblitzt, aber geregnet hat es nicht.

Wie geht es denn deinem Vater?—Danke, es geht ihm gut.
Dem Anton geht's immer gut.
Mir geht es heute gar nicht gut; mir geht's schlecht.
Guten Tag, Herr Müller. Ich habe Sie lange nicht gesehen; wie geht's Ihnen denn?

Vor hundert Jahren gab es noch keine Flugzeuge.
Da oben ist ein Flugzeug.

Was gibt's denn zum Mittagessen?
Es gibt jeden Tag Schweinebraten.
Das ist doch kein Schweinebraten, das ist Kalbsbraten.

Wieviele Hotels gibt es denn hier?
Heute gibt es nicht mehr viele Familien mit neun Kindern.

[8] Es ist nicht gestattet, während der Fahrt mit dem Wagenführer zu sprechen.
Natürlich ist es nicht gestattet, während der Fahrt mit dem Wagenführer zu sprechen.

Es ist leider nicht erlaubt, vor dem Rathaus zu parken.
Leider ist es nicht erlaubt, vor dem Rathaus zu parken.

Es ist verboten, die Türen während der Fahrt zu öffnen.
Ist es verboten, die Türen während der Fahrt zu öffnen?

Es wurde berichtet, daß Ingelheim spurlos verschwunden wäre.
Heute wird aus Kairo berichtet, daß die erste Meldung auf einem Irrtum beruhte.

Es muß leider angenommen werden, daß er nicht mehr am Leben ist.
Leider muß angenommen werden, daß er nicht mehr am Leben ist.

13.7 You will hear six sentences. Restate these sentences, starting with *Es.*

You hear: Niemand war zu Hause.
You say: Es war niemand zu Hause.

13.8 Patterns, group 9. Listen carefully to these sentences with pre-noun inserts.

[9] Mein Chef, der gottseidank nicht sehr intelligent ist, weiß gar nicht, daß es in Berlin auch billigere Hotels gibt.
Mein (gottseidank nicht sehr intelligenter) Chef weiß gar nicht, daß es in Berlin auch billigere Hotels gibt.

Der Winter, der selbst für Norwegen ungewöhnlich kalt war, wollte gar kein Ende nehmen.
Der (selbst für Norwegen ungewöhnlich kalte) Winter wollte gar kein Ende nehmen.

Die Fluggäste, die soeben mit Lufthansa Flug Nummer 401 aus Frankfurt angekommen sind, werden gebeten, den Warteraum nicht zu verlassen.
Die (soeben mit Lufthansa Flug Nummer 401 aus Frankfurt angekommenen) Fluggäste werden gebeten, den Warteraum nicht zu verlassen.

Karthago, das von den Römern zerstört wurde, ist nicht wiederaufgebaut worden.
Das (von den Römern zerstörte) Karthago ist nicht wiederaufgebaut worden.

Aloys Hinterkofer, der seit Wochen von der Polizei gesucht wird, soll gestern in der Regina-Bar gesehen worden sein.
Der (seit Wochen von der Polizei gesuchte) Aloys Hinterkofer soll gestern in der Regina-Bar gesehen worden sein.

Die Züge, die im Sommer von München nach Italien fahren, sind meistens überfüllt.
Die (im Sommer von München nach Italien fahrenden) Züge sind meistens überfüllt.

Alle Studenten, die an dem Projekt interessiert waren, das Professor Behrens vorgeschlagen hatte, wurden gebeten, sich am nächsten Tag auf dem Sekretariat zu melden.
Alle (an dem von Professor Behrens vorgeschlagenen Projekt interessierten) Studenten wurden gebeten, sich am nächsten Tag auf dem Sekretariat zu melden.

Meine Damen und Herren, es handelt sich hier um ein (von der Wissenschaft bis heute noch kaum beachtetes und, soweit ich das aufgrund meiner Untersuchungen beurteilen kann, immer wichtiger werdendes) mathematisches Problem.

13.9 Dictation.

13.10 Reading. Im Jahr 2000 nur ein Stehplatz im Grünen?